JN434410

자전적 에세이집

골짜기, 구름 그리고 저 너머

자전적 에세이집

골짜기, 구름 그리고 저 너머

雲谷 崔英喜

머리말

내 나이 예순부터 여든에 이르기까지 쓴 자전적 수필을 모아 엮었다. 미수米壽를 기해서다.

정년을 앞두고, 예순 중반에 늦깎이로 수필 쓰기를 배웠다. 그리고 노력 끝에 등단을 하고 틈틈이 글을 썼다. 예순 이후의 일을 소재로 한 것이 주主가 되다보니 노년기의 자서전 성격이 짙다. 공개하기 부끄러운 것들이지만 나는 자신 있게 세상에 내놓으려 한다. 고령화 사회로 치닫고 있는 오늘날, 노년기에 이른 사람들의 작품이 많아져야 한다고 생각한다. 글을 쓴다는 것은 늘 생각하고 그것을 정리하는 일이니까. 나이가 들수록 자신이 살아 온 삶을 반추反芻하고 이것들을 정리하는 시간이 필요하다.

(위) 예순 넘어 수필 쓰기를 배워 등단을 하였다.
(아래) 정년 기념으로 출간한 문집.

1편은 나의 정체성을 형성시켰던 이름과 고향 이야기다. 자연과 인간이 따로 살지 않고, 서로 어울려 살았던 시절을 떠올려 보니, 그 시절이 더욱 그리워진다. 2편은 나 홀로, 또는 부부동반으로, 또는 친구들과, 또는 교육가족산우회 회원들과 여행 다녔던 곳들을 정리해보았다. 정리하고 보니 인생이라는 긴 여행을 아주 즐겁게 보냈다는 생각이 든다. 젊음과 열정과 환희가 있었다. 3편은 오롯이 자연과 함께한 나의 인생을 정리하였다. 자연은 나와 한 몸이었다. 산과 들과 꽃과 나무와 그리고 내가 있었다. 자연은 끊임없이 사색하게 하는 내 인생의 큰 스승이었다. 4편은 노블카운티 실버타운에서의 생활과 당당한 노년을 보내는 것에 대한 글이다. 나이가 들수록 누군가에게 기대지 않고, 경제적으로 체력적으로 정신적으로 강해져야 한다는 것을 새삼 깨닫는다. 5편은 마지막으로 죽음에 관한 글이다. 생을 마감할 때 언제, 어디서, 어떻게, 어떤 마음가짐으로 할 것인가. 인생의 끝자락을 디자인해보는 과정을 기술한 것이다.

이 책이 나오기까지 도와주신 노블카운티 문화센터와 이웃 경희대학교 자서전 지원팀 그리고 특히 선호, 재현, 송이, 태민이에게 감사한 마음을 전한다.

미수를 맞고 보니 감회도 많고, 아쉬움도 많다.

2014년 11월 어느 날 노블카운티에서

운곡雲谷 최영희

차례

머리말 5

1. 이름에 대하여

1-1 이름에 대하여 15
1-2 바다의 지붕, 해운 19
1-3 백로와 함께 21
1-4 인절미 27
1-5 산할아버지, 교육가족산우회와 함께하다 33
1-6 나의 호, 곡암과 운곡 41
1-7 상녈골 응달마을 45

2. 푹 빠졌던 그때 그곳

2-1 진피가 남아 있는 한 55
2-2 푹 빠졌던 그때 그곳 61
2-3 송죽에 묻어 있는 것들 68
2-4 풍악산을 발로 보고, 금강산을 가슴에 담다 75
2-5 눈에 덮인 김부용의 묘 83
2-6 새벽의 팔공산 91
2-7 막장 94
2-8 황병산과 대관령 고천제 101

2-9 산수유 마을의 게르마늄 온천장 107
2-10 자랑스러운 옛 고장 113
2-11 베이징 제35중학교를 찾아서 127
2-12 가까움이 더해져오는 나라 134
2-13 잉카문명을 찾아서 143
2-14 중국 밍사산 155
2-15 피라미드와 원 달러 164
2-16 중국청년구국단의 초청 171
2-17 일본 규슈 겨울여행 189
2-18 가깝고도 먼 쓰시마 204

3. 서성이며 생각하며

3-1 제3인생 215
3-2 분갈이 220
3-3 서성이며 생각하며 224
3-4 호박꽃 237
3-5 수어지교 243
3-6 마음 밭에 새겨진 한 마디 249
3-7 혼자 오른 이름 모를 산 255
3-8 풀려난 늙은 토끼 260
3-9 삼대 이야기 265

4. 끝자락의 디자인

4-1 내 등을 밀어준 것들 273
4-2 나는 공허하거나 무료하지 않다 279
4-3 품위 있고 고상한 어른 되기 283
4-4 끝자락의 디자인 287
4-5 그대로와 섞임 294
4-6 당당한 어르신 되기 301
4-7 부정적 이미지 극복 306
4-8 좋은 습관 플러스 310
4-9 나는 부자다 318
4-10 인간 대 인간의 대화 322

5. 저 너머

5-1 죽음과 영혼에 대한 생각들 331
5-2 천만 가지 바람이 되어 336
5-3 혼자지만 혼자가 아니다 338
5-4 도서관에서 만난 노인 340
5-5 저 너머 344
5-6 심도학사에서 2박 3일 347
5-7 서산대사 해탈시 354

1

이름에 대하여

雲谷

1-1

이름에 대하여

사람이라면 누구나 이름이 있다. 아기가 세상에 태어날 때쯤 되면, 아기의 부모, 조부모, 관계되는 주변인들 모두가 그 아기의 이름을 짓기 위해 애쓰는 것을 볼 수 있다. 어떤 부모들은 출생한 어린애를 둘러업고 점집이나 작명소를 찾아가기도 한다. 그만큼 이름을 정한다는 것은 앞으로 그 이름으로 불리게 될 아기에게 있어 매우 중요한 의미를 가진다 하겠다.

내가 어릴 적, 고향마을 사람들을 보면 천한 이름을 선호하는 경향이 있었다. 지금처럼 의료 시설이 좋지 못한 시절이라 천한 이름을 지어야 명이 길다는 미신을 믿었기 때문이다. 예를 들면 돼지, 바우(바위), 쇠똥이, 개똥이라고 불렀다.

그런가 하면 고상하고 품위 있는, 또는 운명을 바꿀 수 있는 좋은 이름을 지으려는 층도 있었다. 그렇게 불리다 보면 진짜 그런 사람이 된다는 생각으로, 아이에게 자신의 이름을 좌우명 삼아 살라고 이름을 붙여주는 경우이다. 나에게도 이름이 붙여졌다. 우리 집안은 후자인 좋은 이름을 지어주자는 쪽이었다. 그래서 나는 어린 시절, 집안 어른들의 배려 덕택에 꽤나 고상하고 긍정적인 이름을 가지게 되었고, 그것을 매우 큰 자랑으로 여기고 있다.

나의 아명兒名은 '경희慶喜'였다. 경희는 '경사스럽고 기쁘다'라는 뜻으로, 나에게 첫 번째로 붙여진 이름이다. 이름이 기쁜 뜻을 담고 있어서인지 나는 어려서부터 잘 웃고, 얌전한 아이였다. 어른들의 말씀을 새겨들으며 그 뜻을 이해하려고 노력했던 기억이 난다. 어른들이 '경희야' 하고 부르면, 나는 기분이 좋았다. 경희라는 이름이 매우 마음에 들었기 때문이다.

아명 말고도 나에게는 여러 가지 이름이 있다. 나에게 새 이름이 붙을 때마다, 그 이름을 긍정적인 뜻으로 해석하고 더욱 닮으려 노력하였던 것은 '경희'라는 아명 덕분이 아닌가 한다.

아명 '경희'를 시작으로, 나에게는 많은 이름들이 붙었다. 아명 외에도 호적 이름, 족보 이름이 따로 있고, 인생을 살면서 생긴 호號가 두 개 있고, 별명으로는 '쪼아요', '백로', '산할아버지', '인절미' 등이 있다.

산할아버지

(최영희 교장선생님 정년퇴임을 기념하여)

작사 이 진 호

책 읽는 우리 곁에 가까이 오셔서
빙그레 웃어주신 인자한 그 모습
산 좋아 산 닮은 산 할아버지
산처럼 속으로만 기뻐하셨네.
아. 사랑 주신 최영희 교장선생님.
영원히 떠오르는 산 할아버지.

우리들을 한결같이 어루만져 주시며
꿈조각을 나눠주신 정다운 그 모습
내일을 노래하며 하늘을 날아라
양팔에 나래를 달주셨죠.
아 사랑주신 최영희 교창선생님
영원히 떠오르는 산 할아버지

산을 좋아한다고 하여 붙여진 별명이 산할아버지다.
사진은 정년퇴임 시 학교신문에 실린 노래가사.

나는 별명들처럼 모든 것을 '좋은 쪽'으로 이해하고, '백로'처럼 깨끗하고 고고하며, '산'과 친하고, '인절미'처럼 부드러운 사람이 되려 했다. 나의 정체성을 의미하는 이름들은 결국 오늘의 '나'를 만드는 데 적잖은 영향을 준 것이다.

그러고 보니 나는 이름이 많은 편이다. 누군가가 나의 이름을 불러줄 때 나는 하나의 존재로 태어나는 경험을 하게 된다. 이름이 많다는 것은 나의 여러 가지 모습을 다양하게 볼 수 있다는 의미가 아니겠는가. 지난 세월을 돌이켜보니 이 '이름'이라는 것은 나를 '나답게' 하고, 내 인생의 과정을 좌우하는 원동력이 아니었나 생각한다.

여러 가지 이름으로 70여 년을 보냈다. 이름이 나를 만든 것인지, 내가 이름을 만든 것인지 분간하기 힘들 때도 있다. 그러나 한 가지 분명한 것은, 사람에게 붙여진 이름은 그 사람의 인생을 좌지우지할 만큼 매우 중요하다는 것이다.

1-2

바다의 지붕, 해운

태평양 횡단 비행은 10시간이 넘는 장거리다. 비행기 안에서 구름을 보다 보면 경이로운 모습에 감동이 몰려올 때가 있다. 강렬한 햇살을 업은 채 바다의 지붕 노릇을 하고 있는 구름의 천태만상은 눈부시고, 성스럽고, 아름답다. 수천만 마리의 보드라운 양털을 깔아놓은 모양. 빙하를 연상케 하는 거대하고 차가운 모양, 그랜드캐니언의 계곡은 저리 가라 할 정도의 엄청난 양의 운곡雲谷, 광활한 목장, 산맥, 쓰나미, 몽실몽실 목화 농장을 뛰어 넘는 자태. 일몰과 함께 적홍황색赤紅黃色으로 물들여지는 운평선雲平線.

하늘이 그리는 거대한 작품에 아연, 감탄할 따름이다.

그런데 이 거대한 작품은 시시각각 변한다. 끊임없이 변하는 그림이다. 침묵 속에 자유자재로, 바뀔 듯 안 바뀔 듯, 그러나 부단히 바뀌고 있다. 변화의 극치다. 신비, 전설, 낭만, 꿈, 창조 등등을 머금고 있다. 그것도 부드러운 포옹으로 때로는 얇은 옷을 입히고 때로는 두꺼운 옷을 입히기도 한다.

바다의 지붕 해운은 참으로 거대한 한 폭의 그림과 같다. 아름다움의 극치다. 또한 그 속에 품은 많은 의미를 내포한 우주적인 화폭이다. 거기다 움직이고 변하는 생동감 넘치는 그림이다 보니 필설로 모두를 표현할 수 없다.

땅에서 구름의 모습을 올려다볼 때는 구름의 웅장함과 변화무쌍을 다 경험할 수 없다. 그러나 구름 위로 떠 있는 비행기에서 구름을 내려다보는 경험은 구름에 대한 개념이 크게 달라지게 함을 실감하게 된다.

장황하게 구름을 예찬한 것에는 이유가 있다. 나는 구름이 좋다. 나는 세상의 모든 구름을 사랑한다. 인간으로 태어나 하늘이라는 것을 보고 하늘에 떠 있는 구름을 보고 간다는 것이 얼마나 큰 기쁨인지 모른다.

나의 호가 운곡雲谷인 것도 그 때문이리라.

내 남은 생에 기회가 된다면 우주선을 타고 올라가 먼 우주에서 지구 위의 구름을 구경하고 싶다.

1-3
백로와 함께

내가 감수성이 예민했던 소년 시절을 고스란히 보낸 곳은 충청도 목천이었다. 이 마을 한복판에는 오래된 느티나무 몇 그루가 우람하게 버티고 있는 초등학교가 있었고, 학교의 동서 양편 산자락 숲에는, 백로와 왜가리가 서식하고 있었다. 이들이 언제부터 이곳에 자리 잡았는지 잘 모르나, 항설에는 수백 년 전부터라고 했다. 둥지가 있는 나무들 중 몇 그루는 늙어 죽어서인지, 백로의 분뇨가 묻어서인지, 희끗희끗하게 된 줄기와 가지를 드러내고 있었다.

백로의 털빛은 그렇게 흴 수가 없다. 말 그대로 순백이다. 이 새들이 많이 모여 있을 때는 마치 눈송이들이 나뭇가지에 얹혀 있는 것 같아서, 옛사람들이 백로를 설객雪客(눈 손님)이라 불렀다고 하는데, 그럴듯하다. 또 귀부인 모자의 장식품으로 쓰였다는 백로의 깃털은, 마치 가느다란 실의 다발처럼 생겼다. 그래서 백로가 '실의 새', 즉 사금絲禽이라 불려온 것도 수긍이 간다. 옛날부터 백로에게는 이렇게 많은 별명이 있었다. 하지만 나는 백로에게 흰 목련이란 이름을 하나 더 지어주고 싶다. 먼발치에서 바라보면 잎이 없는 가지에 목련송이가 하얗게 피어오른 것처럼 보였기 때문이다.

예로부터 한국인의 마음속에는 새에 대한 신앙이 많았다고 한다. 하늘나라와 인간세계를 다리 놓아주는 매개자로 보기도 했다. 그래서 마을 어귀에 솟대를 만들어 세워놓고 새를 신격화하기도 하지 않았는가.

내가 살던 그 마을 사람들도 그런 맥락에서인지 백로의 서식을 좋아하는 분위기였다. 백로가 많이 모여들면 풍요로운 세상이 된다고 했고, 백로가 모여드는 집에서는 훌륭한 인물이 나온다고 믿는 사람이 꽤 있었다. 우연의 일치인지는 몰라도 동쪽의 백로 서식처는 상해임시정부 이동녕 주석의 연고지이고, 서쪽의 백로 서식처는 이범석 장군의 연고지인 것을 보니, 이 말이 그저 그런 미신은 아닐지도 모르겠다.

한편 백로의 수효와 농촌의 풍요를 운운하는 것도, 이제와 생각해보니 과학적인 근거가 있는 성싶다. 생물의 환경이 좋아지면 백로 먹이인 물고기·개구리·우렁이·가재들도 잘 자란다. 먹이가 많으니 백로 떼가 모여들게 마련이다. 백로의 수가 증가해서 풍요해진 것이 아니라, 자연의 풍요가 백로를 불러들인 것이리라.

분명 그 시대의 이 고장 농촌은 생명력이 충만한 곳이었다. 산도, 들도, 내도, 그리고 사람들의 마음도 그러하였다. 백로는 이런 보금자리를 마냥 구가謳歌하며 살아가는 듯하였다.

누군가가 '나이 들면 근래의 일은 잊어버리지만 옛것은 기억이 잘 난다'하였던가? 이제 망팔望八의 나이인데, 백로와 함께 지내던 어린 시절의 그리움이 봇물 쏟아지듯 흘러넘친다. 긴 목을 빼 세우고 먼 곳을 바라보며, 사색과 명상을 함께해주던 백로 한 마리. 그리고 둥지 정리와 둥지 증축에 열을 올려, 새 학년 바쁜 걸음에 힘을 불어 넣어주던 백로 한 쌍.

모내기에 구슬땀 흘렸던 농부가 모내기를 끝내고 허리를 펴 몇 날을 지내면, 온통 짙푸른 모로 덮이고 물이 흥건한 논은 우렁이, 작은 물고기, 올챙이, 개구리들의 새 삶터로 자리 잡힌다. 그 무렵의 어느 하굣길, 나와 함께 우렁이를 잡던 백로 서너 마리가 떠오른다.

드높은 가을 하늘, 파란 하늘색을 배경으로, 곱고 고운 순결의 흰색을 자랑하던 백로 너덧 마리. 내 마음까지 싣고 훨훨 하늘을 날던 백로들의 그날들이, 사무치듯 그리워진다.

5학년 때의 일이었던가? 담임선생님께서는 미술 시간이 되면 학교 옆 냇가 둑에서 자주 사생을 시켰었다. 그때 반 친구들의 도화지 속에는 백로의 무리들이 자주 등장하곤 했다.

더 생각에 잠기다 보니, 백로가 살던 이교리 집의 소녀들이 눈에 삼삼하다. 대가족인 이 집에는 예쁜 소녀가 너덧 명 있었다. 하나같이 피부가 희고 옷차림이 단정하여 나는 그녀들로부터 백로의 모습을 떠올리곤 했었다. 그중의 한 소녀는 6년 동안이나 동급생이었지만 말도 제대로 건네지 못하고, 같이 놀아보지도 못했다. 남녀칠세부동석이라고, 폐쇄적인 정서와 케케묵은 시대적 분위기 때문이었다. 말이라도 한 마디 붙여볼걸, 아쉬움이 남는다.

오래 사귀고 있는 한 친구는, 나에게 '백로'라는 별명을 붙여주었다. 놀림 반으로 붙여진 별명인지 모르나 나는 순간 진지하게 받아들였다. 내 외형이 가늘고 길쭉하며 피부색도 하얀 편이다. 평소 흰 옷을 즐겨 입는 편이고, 신체 비율은 목이 길다. 날아다니듯 이곳저곳 여행 다니는 것을 좋아하고, 평소에 구속과 완력과 다툼을 싫어한다. 목을 길게 세워 먼 곳을 바라보는 백로의 모습이, 간간이 먼 하늘을 바라보는 나의 버릇과 비슷함을 진작부터 느끼고 있었다.

친구가 이런 별명을 붙여준 것은 평소에 나의 모습이나 성격을 잘 읽고 있었기 때문이리라 생각한다. 아무튼 싫지 않은 별명이었고, 무척 마음에 들었다. 그 후로 더 백로가 좋아진 것도 사실이다.

장수長壽를 말할 때 장생불사한다는 십장생을 들먹이며 학이 천년을 산다는 말을 한다. 만약 학이 천년을 산다면, 그 닮은 생김새로 보아 백로도 어느 정도 장수하는 새로 분류될 만하다.

나이 들고 나서 백로로부터 장수법 몇 가지를 배웠다. 소식小食하여 위장에 부담을 덜 주는 새라는 것, 다이어트의 선구자이자 명수라고나 할까. 몸매가 언제나 날씬하다. 그리고 무공해 자연 속에서만 살고 있다는 것, 공해 많은 곳에서는 아예 생활하지 않는 깨끗한 새다. 또 자세가 반듯하고 균형 감각이 뛰어나 신체 각 부위의 밸런스를 잘 유지하는 새라는 점, 긴 다리 곧게 받쳐 서 있는 반듯한 자세는 물론, 한쪽 다리를 접고도 넘어지지 않는 균형감각은 놀랍다.

어느 노공학도가 사람의 몸과 건축물을 비교하면서, 자세의 반듯함과 균형 및 밸런스가 건강 유지의 중요한 조건임을 설득력 있게 말해주던 일이 생각난다. 어디 그뿐이겠는가?

백로들이 들판을 가득 메우는 것은 아마 4~6월쯤일 게다.

어미 백로들은 새끼를 키우느라 부지런히 날갯짓을 하지만 어디까지나 서두르지 않고 느긋한 모습을 보여준다. 휴식을 취할 때면 한쪽 다리를 접어두고 몸에 목을 파묻은 채 한참 동안 서서 쉬곤 하는데, 그 모습은 적당한 휴식을 취하는 여유로움을 엿보게 했다. 넓은 하늘을 훨훨 날고 높은 나뭇가지에 서서 먼 곳을 쳐다보고 있는 모습은 너무 자유스럽고, 고고해 보인다. 과욕하지 않고, 설치지 않고, 남을 미워하지 않는 이미지가 백로에게서 풍기는데, 만약 사실이라면 이 점도 장수 비결의 하나가 될 것이다.

또 있다. 둥지가 다른 새에 비하여 엉성하며 그 둘레와 밑바닥이 어수선하고 지저분한 것이 흠이라면 흠이겠지만, 대범하고 잔걱정 없는 속성 탓이라면 이것도 장수의 변인變因에 포함될지 모를 일이다.

이것들은 장수한 분들이 말해온 장수 비결과 상당 부분 일치하여서 흥미를 느끼게 한다.

백로!

백로는 이제 나의 어린 시절을 떠올리게 하고, 그림 그리게 하고, 글 쓰게 하고 노래하게 하는 소중한 존재가 되었다. 그리고 가까운 친구가 붙여준 '백로'라는 별명은 나로 하여금 백로와 더욱 교감을 느끼게 하고 있다.

1-4

인절미

나는 인절미를 좋아한다. 맛도 맛이거니와 인절미는 어머니의 체취가 느껴져서 좋고, 동네 아낙네들의 웃음꽃이 회상되어 좋고, 사랑방 손님의 덕담이 들려오는 듯해서 좋고, 예부터 내려오는 우리의 음식이라 좋다.

옛 문헌에는 인절미를 군두목, 인절변, 혹은 인절미로 적고 있고, 돌, 결혼, 회갑 등의 연회식이나 명절 음식, 계절 음식의 상에 오르는 주요한 떡이라 했다. 인절미는 찹쌀을 물에 불려서 시루에 찐 다음, 떡메로 쳐서 성냥갑만 하게 자른 후 고물에 묻힌 것인데, 이 고물에는 콩, 팥가루, 깨 외에도 대추, 밤, 잣, 곶감 등을 쓰기도 했다고 한다.

우리나라의 음식으로는 주식이 떡과 국수이고, 부식으로는 구이와 탕이 있는데 조선시대의 떡 종류는 40여 가지나 되었다고 한다. 그중 인절미는 고급 떡에 속했고, 위가 약한 사람들의 치료 식사로도 많이 쓰여왔다고 한다.

인절미는 지방에 따라 만드는 법과 먹는 법이 조금씩 달랐으니, 이 중에서도 색다른 것을 보기로 들면 함경도에서는 고물과 떡을 따로 장만하여 떡을 떼어서 묻혀 먹었으며, 전라도에서는 감고지를 가루 내어 떡과 같이 넣고 절구에 찧은 것으로 그 색깔을 자랑하기도 한다.

인절미에는 여러 상징적 의미가 있다. 송편이 달을 상징하듯이 인절미는 땅을 상징한다. 하늘은 둥글고 땅은 네모나다. 사람들은 인절미를 땅으로 보았으며 이는 우주의 주장이 하늘, 땅, 사람이라는 천지인삼재天地人三才 사상의 일환으로 볼 수 있다. 이것은 전해져 내려오는 떡타령에서도 나타나 있다.

떡 사오, 떡 사오, 떡 사려오
두 귀 반쪽 송편이요
세 귀 반쪽 호만두
네 귀 반쪽 인절미로다
떡 사오 떡 사오 떡 사려오

고구려의 유습이 남아 있는 옌볜에서는 손님 대접으로 김이 모락모락 나는 찰떡 한 소반을 상 위에 올렸다고 한다. 찬물에 손가락을 식혀가며 서로 정답게 떼어 먹었고, 신혼부부가 첫날밤에 주안상 위의 인절미를 떼어 나누어 먹는 풍습이 있어 왔다 하니, 이는 풍습적으로 동질화同質化 의식을 형성해온 좋은 본보기이다. 또한 만드는 과정에서 백년손님 사위마저 합세해서 남자들은 번갈아 떡메를 치고, 여자들은 자르고 고물 묻히고 했으니, 도타운 정과 끈끈한 공동체 의식이 절로 형성되었을 것이다.

끈적거리고 잘 들러붙어 떨어지지 않는 인절미. 일찍부터 시험 합격 기원용으로 애용되어 과거보는 날이면 장안에 인절미 장수가 성시를 이루었다 하여 오늘날도 상급학교 입시날 교문에 학부모들이 찰떡을 붙이는 풍습이 이어지고 있다. 또한 시집간 딸이 친정에 있다가 돌아갈 때 들려 보내는 '입바개떡' 또는 '이바지떡'으로서 인절미가 많이 쓰였는데, 이는 잘 봐달라는 뇌물의 뜻도 있겠으나 시집 식구와의 사이를 인절미처럼 끈끈히 부착시키려는 화합용으로 보낸 것이리라.

인절미는 다른 재료로 속을 채우는 두텁떡과 달리, 제 살로만 속을 채운다. 달라붙지 않게 겉에 고물을 입히는 정도지, 조미료나 다른 재료를 가미하여 모양내려 하지 않는다. 해서,

단순하고 수수하면서도 순수한 자기 모습을 유지하려는 것 같다.

인절미에는 굳어지는 고화성固化性과 물렁물렁해지는 연화성軟化性이란 두 가지 성질을 동시에 지니고 있다. 이는 열에 따른 것이므로 온도 조절로 딱딱하게 혹은 물렁물렁하게 할 수 있다. 그리고 연해졌을 때 모양을 고치거나 달라지게 할 수도 있다. 그러면서 그 성질은 바뀌지 않는 이른 바 가소성可塑性을 지닌다. 이 점을 인간의 양면성과 교육의 가능성에 비유할 수는 없을는지.

인절미는 겨울철에 굳은 것을 화롯불 석쇠에 번갈아 얹어가며 굽는다. 노릇노릇 해지면서 부풀어 오른 것을 후후 불며 먹는 맛을 즐긴다. 이때 이 속에 스며 있던 어머니의 체취는 여전하고, 어느 순간에는 이것이 마음에 저리게 느껴진다.

한편, 이웃 아줌마들의 집합소 구실을 했던 우리 집 안방. 그 시절의 그 인절미 속에는 분명 이 아줌마들의 웃음소리도 배어 있다. 취학 전 어린 시절, 할머니는 평소에 나를 귀여워하고 대견해 했으나 인절미에 대해서는 인색했다. 인절미 한 접시에 꿀 한 종지를 쟁반 위에 놓고 사랑방 문 앞에서 나에게 건네주시면 나는 살며시 문 열고 할아버지와 손님 앞에 갖다 놓는다. “아무개 씨시다. 인사 드려라”라는 할아버지 말씀이 떨어지기 무섭게 나는 덥석 절을 한다. 그러면 어른들은 "아! 참 영리하게 생겼구나. 이 집의 큰 기둥이 되겠는 걸?"이라고 말씀하시곤 했다. 무슨 근거에서 하신 말씀인지는 몰라도 싫지 않은 이 덕담을 좋아했던 기억이 난다.

인절미는 예부터 내려오는 우리 별식이고 떡 중의 떡이었다. 한데 나는 별식으로가 아니라 간간이 주식으로 먹고 있다. 오늘날 활개 치는 빵이니 케이크니 하는 것보다 나의 입에, 또 나의 정서에 훨씬 가까이 와 닿아 있기 때문이다. 이것은 단순한 식습관이어서는 아닌 듯싶다.

인절미가 나에게 특별한 것은 지난 날 내가 교직 생활을 하고 있을 때 제자들이 붙여준 별명인 때문이기도 하다. 교직에 있으면 제자들로부터 알게 모르게 여러 별명이 붙여지기 마련이지만 대체로 부정적 의미를 가진 것이고, 일시적인 것이 대부분이다. 그런데 '인절미'는 나에게 있어 호감이 가는 별명으로 남아 있다.

이놈들 어찌하여 나를 인절미라고 부르느냐? 어느 날 학생들에게 물어본 적이 있다. 그랬더니 녀석들이 말하길 "인절미는 부드럽고 말랑말랑하잖아요. 선생님하고 닮았습니다" 하였다. 내가 교직 생활을 하던 때만 해도 선생님들이 워낙 아이들을 엄하게 다루고 잘못하면 '몽둥이'로 훈육하던 시절이었다. 그러나 나는 항상 웃고 다니고, 아이들이 잘못하면 몇 번이고 타이르기를 반복하였다. 아이들이 보기에 내가 많이 부드러워 보였던 모양이다.

인절미 이야길 하니, 나를 인절미라고 부르던 녀석들이 보고 싶어진다. 오늘 아침식사는 인절미로 정했다. 이 인절미를 구워먹으며 향수어린 맛과 함께 그 의미를 음미해본다.

1-5

산할아버지,
교육가족산우회와 함께하다

언제부터인가 산행을 하던 친구들에게서 나를 부르는 이름이 '산할아버지'가 되어 있었다. 같이 늙어가는 마당에 왜 나만 할아버지냐 했더니, 진짜 산에 오랫동안 살고 있는 신령神靈 같다고 한다. 머리가 하얗고, 수염이 길어 그런 것이 아니고, 산이 좋아 산에서 도를 닦는 사람 같다는 의미이다. 내가 워낙 산을 좋아하고, 산에서 삶의 깨달음을 얻으니, 그 또한 나쁘지 않은 별명이라 나는 흔쾌히 그리 부르라 하였다.

나의 이 별명은 교육가족산우회와 역사를 함께 하였다.

잡목 사이 뚫고서 능선으로 나서려니
봄이면 산철쭉에 가을이면 갈대밭.

산줄기 물결인양 겹겹이 굽이치고
하늘엔 보라매가 살같이 달려가네.
야호— 야호—
우리는 교육가족산우회의 오누이들.

— 산우회 고문 이숭녕 박사

산행을 하기 전 교육가족산우회 회원들은 이 노래를 부르고 산행을 시작한다. 모두 즐거운 마음으로 소리 높여 노래를 불렀다. 1978년 1월 발족한 이 모임은 교육과 유관한 업종에 종사하는 사람들이 한 가족처럼 모여 등산 및 교육 문화의 서클을 이룬 모임이다. '산을 배우고 산을 즐기며, 산을 가꾸고 산에게 감사하는 가운데, 산처럼 건강하고 바르고 조화롭고 풍성하게 살자'는 것이 이 모임의 목적이다.

1977년 10월의 어느 날, 단군의 세 아들이 힘을 모아 성을 쌓았다는 삼곽성 안에 포근히 자리 잡은 강화도 전등사를 찾았다. 교육계에 몸담고 있으면서 『주임교사 실무총서』를 집필하였던 이형석·한명희·장종태·안영호·최영희(본인) 등이, 월 1회 정도 차를 대절하여 가족 등반도 하고 명승고적지를 답사할 것을 약속하고 모임을 만들었다. 이름은 '교육가족산우회'라 했다.

이듬해 1월 15일 운길산 창립 등반에서 저자가 회장으로 피선되었고, 서울뿐 아니라 전국의 교직 등산 동호인이 참여할 수 있도록 머리에 '한국'이라는 말을 붙여 '한국교육가족산우회'라 고치고 월 2회 정기 등반을 하되, 서울 근교와 원거리 등반을 각각 하였다. 여러 차례 등산을 거듭하는 동안 모임은 점차 자리를 잡게 되었다. 그리고 연 1~2회의 회보 발간과 시산제, 자연보호 행사, 등반 세미나, 사진전시회를 가질 정도로 활기를 띠었다.

그 후 한국산악회에도 등록하고 서울특별시 교육회 산하 동호인 모임으로 알려지게 되었다.

산우회 활동에서 특기라 할 만한 것은 오가는 차내에서 진행하는 건전 레크레이션뿐 아니라 문화 및 교육에 관한 교양 강좌를 갖는다는 점이다. 사계斯界의 전문인을 초빙 동반하여 경청과 박수 속에 진행된다. 예컨대 동양화의 감정 방법, 수상안전 및 인명구조법, 산나물과 식생활, 골동품 수집, 건강과 정신위생, 관상과 운수, 우리나라의 무술, 상고사, 종교의 역사, 우리의 차 문화 등 다양하고 폭넓은 교양을 배우고자 하는 우리들의 욕구를 채워주곤 했다. 현지에 도착하면 그 지방의 역사, 지리, 토산품 등을 소개하고, 조사·연구하는 일도 한다. 참으로 살아 움직이는 친목·연구단체로 자부심이 컸다.

산우회가 세 살이 되던 해, 경기도는 물론 강원도 분들도 참여하였고 유치원, 초·중·고등학교, 대학에 계시는 교직원도 동참해서 한국교육가족산우회라는 이름에 걸맞은 면모를 갖추게 되었다. 또한 늘어나는 가족과 함께 등반의 실력도 늘어갔다.

그해 2월에 있었던 대전 남쪽 대둔산 등반에서 이것이 입증되었다. 그 급경사의 눈길을, 천야만야한 출렁다리를 한 사람의 낙오자도 없이 통과하였다. 산 위에서 하얗게 쌓인 눈을 헤치고, 밥을 짓는 우리 회원들……. 울긋불긋한 옷차림과 건강미 넘치는 얼굴이 눈 위에 뚜렷하고, 밥솥과 이마에 모락모락 올라가는 김은 산상山上의 찬 공기를 보여주고, 그 속에서 연발하는 호탕한 웃음소리는 겨울을 녹여 봄의 아름다운 숲을 연상케 했다.

양적으로 늘어가고 지역적으로 확산되며 질적으로 향상되는 우리 교육가족산우회는 산처럼 높아가고 숲처럼 무성해짐을 실감할 수 있었다.

우리는 왜 산을 좋아할까? "그저 좋아서다"라고 우선 대답해 본다. 이탈리아의 유명한 등산가 말로리는 "산에는 왜 오르는가?"라는 질문에 "왜냐하면 산이 거기 있기 때문이다"라고 말했다. 사실 산이 거기 있지 않으면 오르려는 욕망도 갈망도 나지 않을 것이다. 1953년에 에베레스트 산을 역사적으로 정복한 영국의 존 헌터 경은 어떤 기회에 친구가 "그토록 험준한 에베레스트 산을 오르게 된 이유가 어디 있느냐?"라고 물었을 때 그는 "나는 그러한 질문이 없는 세계로 가고 싶어서였다"라고 대답했다고 한다. 그만큼 산은 오묘한 힘을 지니고 있다.

산에 대한 흠모와 오르려는 의욕, 그리고 올라보지 않고는 견딜 수 없는 산의 매력……. 이는 웅대한 자연만이 가지는 침묵 속의 영감이라고나 할까. 산악인 이은상 선생도 "산은 지극히 참되고, 어질고, 아름답고, 빛나고, 향기롭고, 거룩함이 한데 모이고 쌓인 황홀의 왕국, 자비의 전당, 약동의 경지"라고까지 말하지 않았던가?

나는 산은 우리에게 진眞·선善·미美·체體를 가르쳐주는 훌륭한 스승이라고 생각한다. 첫째, 산은 우리에게 참을 가르쳐준다. 산울림처럼 거짓이 없고 소박하고 순수함을 지니면서 변화와 질서, 다양성과 조화 등 자연의 법칙과 섭리를 가르쳐준다. 세세 연년 미세하게나마 달라지는 모양, 철에 따라 변화하는 색깔과 내음, 날씨에 따른 새소리, 물소리……. 끊임없이 변화는 계속되지만 그 속에는 일정한 규칙과 질서가 있으며 산봉우리, 나무 한 그루, 풀 한 포기, 바위 하나, 계곡 한 줄기, 어느 하나 똑같은 것이 없고 또 여러 가지 다양함을 보여준다.

하지만 이런 것들이 잘 어우러져 조화를 이루고 있으니 자연의 법칙과 섭리는 철저하면서도 심오하여 많은 것을 우리들에게 가르쳐주고 끊임없이 배우게 한다.

둘째, 산은 우리에게 어질게 살도록 가르친다. 무겁고 심오한 모습이 우리의 마음을 정화시켜줄 뿐 아니라 아무리 모질고 사나운 비바람이 불어도, 살을 에는 추위와 머리가 벗어지는 더위에도, 세상을 뒤엎는 천둥 번개에도 흐트러지지 않는 참을성과 침착성을 보여준다. 그리고 화를 내는 법이 없다. 오히려 이런 것들을 모두 포용하고 관용하는 점에서 자비로움까지 있어 보인다.

셋째, 산은 우리에게 아름다움을 안겨준다. 산은 아름답다. 봄은 신록이라서 좋고, 겨울이면 설경이라서 좋다. 선, 평면, 입체, 색깔, 소리, 향기……. 아름다움이 어우러진 황홀의 왕국이란 말이 그대로 맞아 떨어진다. 그래서 미술가, 음악가, 시인이 이곳을 찾고 이곳에서 살기를 바라는 게 아닐까.

넷째, 산은 우리에게 체육을 가르친다. 산을 걷고, 기어오르고, 타고, 넘고 하는 동적인 등산인이 되게 해준다. 산의 모든 것을 체육시설로 제공해준다. 또한 깨끗한 공기와 맑은 물을 덤으로 제공해준다. 어느 등산인이 낚시인과 비교해서 "평면적인 수면에 낚싯대를 담그고 앉아 있는 정적인 낚시보다 입체적인 산을 마음껏 오르내리는 동적인 등산이 얼마나 생동적이고 진취적인가"라고 등산을 예찬한 말이 기억난다.

발족한 지 5년이 지난 1983년 당시 대한교육연합회장 류형진 박사가 우리 산우회지에 투고하여 '등산의 좋은 점'을 말하였는데, "첫째, 호연지기浩然之氣를 기를 수 있고 둘째, 조국애를 돈독히 할 수 있고 셋째, 오늘 날의 메마른 정서생활을 풍성하게 바꿀 수 있고 넷째, 전신운동이 되어 좋고 다섯째, 적은 비용으로 부담 없이 실행할 수 있어 우리 교직자에겐 더없이 적당한 취미활동으로 판단된다"면서 이를 위한 교육가족 동호인 모임의 추진은 매우 현명한 일이라고 극구 칭찬과 격려를 해주었다.

산우회는 산뿐 아니고 중원문화권 답사, 익산문화권 탐방, 부여·공주 고적지 답사, 지리산 기슭의 주요 사찰 순례, 가야문화권 답사 등 유적과 고적을 배우는 문화관광을 곁들여 교직자로서 필요한 현장 연수까지 해왔다. 그러는 동안에 연륜은 늘어나 8년째가 되었다.

어언 8살이 된 산우회

어느새 초여름이 성큼 다가왔다. 짙은 녹음이 흰 아카시아 꽃과 함께 활개를 편다. 그리고 산을 좋아하는 이에게 손짓을 한다. 교육가족산우회원에게 안부를 전한다. 교육가족산우회도 어언 8살이 됐다. 산을 타는 재미가 산을 타는 힘과 함께 솟구친다. 그리고 보다 밝고 건전한 삶이 펼쳐진다. 우리들 사이에 함께 하는 의지가 굳어져 간다. 우리의 문화활동과 함께 교원 문화는 풍성해진다. 풍성해진만큼 회원들의 마음은 살쪄간다. 우리 교육가족산우회는 알차게 발전해나간다.

— 회장 최영희

8년을 기념하여 회보에 실은 글이다. 그 후로도 2년을 더 하고, 10년이 지나 회장직을 홍순강 교수에게 넘기고 올해 13년째를 맞이하게 된다. 그동안 세태도 많이 변하여 많은 사람이 함께 하는 행사는 점점 어렵게 되는 형편인 것 같지만 소규모 행사, 중규모 행사, 대규모 행사로 나누어 꾸준히 이어나갈 수 있을 것 같다. 근거리 등반과 원거리 등산(여행)을 변화 있게 섞어 실시하며 땅이 있는 곳이라면 어디나 가고 싶다는 몇몇이 주축이 되어 추진해나갈 때 당초의 취지와 같이 이루어지라 믿는다. 13년간 130여 차례의 행사기록을 가진 우리 교육가족산우회에 파이팅을 외친다.

1-6

나의 호, 곡암과 운곡

어른들이 지은 이름과 내 주변 사람들이 내게 지어준 것 외에, 내가 직접 지은 이름이 있다. 이른바 호이다.

나이 예순을 넘기고 늦깎이로 수필 공부를 하고 보니 나도 호를 갖고 싶어졌고 주변사람들도 권해주었다. 그래서 처음에 지은 것이 곡암谷岩이다. 곡암이란 호는, 등산 동호인 문학박사 할아버지 L과 산행 중에 자문을 받았다.

호 작명은 일정한 기준이 없는 것 같아 그 동기와 의미도 천차만별이다. 문학박사 L은 내 복안腹案을 긍정적으로 평가해 주었다. 나는 의미 부여를 중요시하는 편이라서 골 곡谷 자와 바위 암岩의 합성임을 설명한 결과 그런대로 괜찮다 하시더니 다음 등산일에 '곡암 선생! 건승을 빕니다'라는 휘호를 족자에 담아주셨다.

나는 태어나길 모든 사람들처럼 어머니의 곡부谷部에서 태어났을 뿐 아니라 출생지가 아산 안골內谷이란 두메였다. 그 후 목천의 상녘골上谷에서 자랐고 생활전선으로 상경하여 중곡동中谷洞, 당곡堂谷, 도곡道谷 등을 전전하였다. 이를 보니 곡谷 자와 나와는 처음부터 어떤 인연이 있는 듯싶어 이 글자를 취했다.

산행을 하다 보니, 골짜기는 철에 따라 변모하고 쉴 새 없이 흐르는 물에는 정결하고 산천포목을 살찌게 하는 베품의 미덕을 발휘하며 변함없이 움직이는 역동성과 생명력을 만물에게 안겨준다.

한편 계곡 한쪽에 자리 잡은 큰 암석! 그는 말이 없지만 춘하추동春夏秋冬 계곡의 흐름과 함께 호흡을 하고 계곡 발원지發源地와 하류 바다까지 조망한다. 그러나 제자리만은 한결같이 굳게 지킨다. 나는 바위의 이런 점이 좋아서 암岩 자를 취했다.

돌은 배울 점이 많다.
말이 없고 태態가 없고
사邪가 없어서 누구나 본받을 만하다.

향기香氣가 없지만, 난초蘭草와 벗할 줄을 안다.
푸른 이끼 옷을 입고 오직 영원을 지키고 있다.
부수면 깨어지는 한이 있더라도
그 굳음은 버리지 않는다.

— 일석一石 이희승

두 번째로 지은 호는 운곡雲谷이다.

이 호는 구름을 좋아하는 내게 잘 어울리는 호이다. 어릴 적에 시골 원두막에서 막역한 친구들과 장난치고 놀다가 지친 듯 원두막에 누워 뒤척이고 하다가 떠가는 여름철 구름을 마냥 올려다보곤 했다. 그 아름다움, 부드러움, 변화무쌍한 형태, 깊고 높은 구름골짜기, 포용력이 있어 보이는 넉넉한 모양, 관조하는 듯 어엿함, 자유를 만끽하는 듯 허공을 떠도는 형태, 주마등처럼 나타나는 점 등, 구름에는 주마등처럼 나타나는 추억이 깃들어 있다.

이렇게 나는 '곡'과 '구름', '바위'를 좋아한다. 사람이 태어나는 곳인 '곡'에서 나 또한 태어나 자랐고, 바위처럼 굳건히 나의 신조를 지키며 살자는 마음은 변함이 없다. 또한, 유유히 아무 욕심 없이 떠다니는 구름을 보고 있노라면 나의 마음 또한 더없이 평온해지기 마련이었다. 주변에서 흔히 보이는 자연의 한 일부분일지라도 그것에 자신이 어떤 의미를 부여하느냐에 따라 인생관이 달라질 수 있다. 그리고 그 인생관을 굳건히 지켜내는 것도 중요하다. 나의 또 다른 이름이 된 '곡암谷岩'과 '운곡雲谷'. 이 두 가지 호의 의미대로 나의 인생을 아름답게 살고 싶다.

1-7

상녕골 응달마을

나는 오랜만에 어려서 자란 상녕골 응달마을을 찾았다. 이곳은 목천 독립기념관에서 북쪽으로 4~5킬로미터 떨어진 곳에 위치한 마을이다. 마을이라야 겨우 일곱 가구밖에 안 되는 두메산골이다.

상녕골은 나의 호를 운곡雲谷이나 곡암谷岩으로 짓게 된 아주 중요한 의미를 갖는 장소이다. 어린 시절을 자연에서 보낸 사람은 노후에는 도시에서 벗어나 자연에 정착하고 싶은 생각이 강해진다. 그러니 나의 호를 자연과 더불어 지은 것은 당연한 것이라 하겠다.

이곳을 찾으니 갖가지 기억이 난다. 봄이면 앞산에 할미꽃이 피고, 뒷산에는 진달래가 만발하고 가을이면 동쪽 밤나무

산이 수확을 노래하게 했다. 사철 흐르는 앞 시냇물은 논의 젖줄을 이루고, 그 맑음이 동네사람들 마음을 깨끗하고 싱그럽게 하였으며, 작은 물레방앗간을 만들고 발전시설을 할 것까지 계획하였으니 좁긴 하지만 자연환경이 꽤나 어우러진 곳이었다.

그리고 밤이 되면 소쩍새, 부엉이소리가 들려왔고 '캥캥' 하고 울어대던 여우소리, '아웅아웅' 하고 우는 늑대울음이 들려오곤 했으며, 대문 밖 짐승과 맞서 을러대는 개의 심상찮은 소리가 밤잠을 설치게 했던 일도 종종 있어, 밤이 되면 무서워서 어머니 곁에 바싹 붙어 자던 일이 생생하게 되살아난다.

그러나 해가 뜨는 아침이 되면 새소리, 까치소리, 소 모는 소리로 동네가 온통 밝고 환한 생기가 있었다. 이러한 밤과 낮이 번갈아 찾아오고 지나가는 나날이었지만, 밤에 있었던 갖가지 기억이 되살아난다.

밤이 어둡고 무섭기만 했던 것은 아니었다. 가을철이 되면 이집 저집에서 돌리는 가을 떡을 나누어 먹는 재미가 있었고, 수수엿, 쌀엿을 아주 달게 고아서 그릇에 담아 굳힌 양푼그릇을 갖다 놓고 서로 깨어 먹는 재미, 닷새 만에 서는 장날, 읍내에 다녀온 동네 마을꾼의 이야기를 무슨 큰 뉴스인 양 듣던 재미, 특이한 어조로 소설책을 읽어 들려주던 재미, 구수한 옛날

이야기로 마음을 졸이던 일들은 모두 밤에 있었기 때문이다.

그땐 텔레비전은 물론 라디오도 없었고, 신문 보는 집도 없었다. 그러니 밖의 뉴스에는 깜깜이었지만, 그래도 동네 안에서는 서로가 뉴스를 전하고, 마음을 나누고, 이야기를 나누고, 기쁨과 슬픔을 나누는 한동네 가족들이었다.

웅달마을 일곱 가구 중에서 비교적 오래되고 컸던 집이 내가 자라던 집이었다. 안마당 가운데에는 감나무 한 그루가 있었고, 뒤뜰에는 늙은 밤나무 한 그루가 우뚝 서 있었다.

가을이 되면 노란 감이, 파란 하늘 아래 주렁주렁 매달려 우리 집을 온통 아름답게 장식해주었으며, 뒤뜰에 있는 밤나무는 아침 일찍 알밤 줍는 재미를 나에게 안겨주곤 하였다. 하얀 서리가 내리는 날, 감 따는 장대로 한 알 두 알 따 담던 일의 흐뭇함이란. 어느 해에는 400여 개가 망태기에 가득 담겨지기도 했었다. 그 감은 침[1]을 담그거나 껍질을 벗겨 곶감을 만들어 먹기도 했지만, 대개는 헌 사과 궤짝에 감과 짚을 번갈아 겹겹이 쌓아서 연시를 만들어 먹었다.

길고 긴 겨울밤에 이것을 쟁반에 담아놓고 온 식구가 둘러앉아 한두 개 씩 나누어 먹는 맛은 요새 아이스크림이나 단 생

1 떫은 감을 소금물에 넣어서 떫지 않게 하는 것.

과자에 비교할 수 없을 정도로 좋은 것이었다. 맛도 맛이려니와 둘러앉아 나누는 이야기들은 나의 가치관을 형성시켜준 것이었다. 그 많은 이야기 중에 기억나는 것이 있으니 그것이 바로 '고진감래苦盡甘來'라는 어머니의 말씀이다.

어머니께서는 늘 '어려서 고생은 은을 주고도 산다', '오르막길이 있으면 내리막길이 있다', '고생 끝에 영화가 있다'라는 속담이나 금언을 섞어가면서 "밝은 앞날을 내다보고 오늘의 고생을 참고 견디어라"고 말씀하셨다.

아랫마을 김 선달이 그러했고, 박 마름네 집이 그러했다고 했다. 더위와 물것을 이겨내며 글을 읽은 어느 선비는 궁둥이에 땀띠가 생겼다는 이야기며, 추위와 졸음을 물리치고 밤늦게까지 공부에 열중했던 어느 선비는 궁둥이에 못이 박혔다는 이야기를 들려주시곤 하였다. 그러한 재미 속에 오래도록 잊히지 않는 말씀들, 그리고 그 둘레에 서린 훈훈하고 정다운 냄새들을 잊을 수가 없다.

그 무렵의 겨울은 엄청 추웠다. 학교에 오가던 길, 심부름 가던 논밭 길에서 나는 사시나무 떨듯 떤 기억이 난다. 확실히 그 옛날은 지금보다 몇 갑절 더 추웠던 모양이다. 그런데 추운 어느 날, 세 살 난 동생이 여러 날 앓던 감기가 심해져서 의식까지 잃게 되었다. 병명이 무엇인지 모르고 그저 놀랬느니, 열이 불덩이 같다느니 하는 말만 되풀이할 뿐 속수무책이었다. 병세가 점점 악화되어 나중에는 온통 집안 식구들이 잠도 못 자고 그저 지켜보다가 날이 새기만을 기다렸다.

먼동이 트자마자 십 리 길이 넘는 곳에 사는 유일한 돌팔이 의원을 불러대는 수밖에 없었다. 나는 황급히 그곳에 달려갔다. 병원이 근처에 없으니 별 수 없이 이 분을 찾을 수밖에 없었다. 전날 밤 뒷산에서 '캥캥' 하고 울어대던 여우소리, 그날 대문을 나오자 '까악까악' 하고 울어대던 까마귀소리가 나에게 불길한 예감을 안겨주었다. 까마귀 우는 소리와 여우 우는 소리가 심하면 그 동네의 누군가가 죽는다는 말이 전해지고 있었기 때문이다.

나는 발걸음을 멈추고 천지신명께 동생의 병이 낫게 해달라고 빌었다. 끔찍스러운 생각이 나서 흘러내리는 눈물을 주먹으로 훔치기도 하였다. 허겁지겁 달려가 돌팔이 의원 집 대문을 두드리니 그 분은 아직 잠자리에 누워 있는지 선뜻 나와주지도 않았고 따라주지도 아니하였으니, 그때의 조바심은 이루 다 말할 수 없다. 나의 안달과 독촉에 마침내 의원은 따라오기는 했지만, 그 걸음걸이는 너무나도 느렸다. 나는 돌팔이 의원의 뒤를 따르면서 문득 지난여름에 그 논길 아래에서 있었던 일이 생각났다.

친구들과 함께 학교에서 돌아오던 길에 우렁이가 떠 있는 걸 보았는데, 자세히 들여다보니 그 안에는 수많은 우렁이 새끼가 우글거리는 것이었다. 집에 돌아와 그 까닭을 물으니 본래 우렁이 새끼는 그 어미를 파먹어 가면서 자란다는 것이었다. 우렁이 어미는 자기 새끼가 자라도록 자기의 몸을 새끼의 먹이로 바친다는 것이었다. 자식을 위한 어미의 사랑과 희생 정신을 보여주는 좋은 예이다.

나는 계속 걸었다. 산에 있는 나무를 보면서 다시 생각해보았다. 봄이면 싹을 틔우기 위해 인고의 아픔을 견디고 또 여름에는 풍성한 영양을 끌어올려 꽃을 피우며 열매를 맺게 하는 혼신의 노력, 그리고 가을이면 다음 해에 태어나는 생명을 위해 자신을 버려야 하는 나뭇잎, 앙상한 나뭇가지로 추운 겨울을 인내하는 나무에서도 나는 어머니의 사랑, 어머니의 희생을 깨달은 것이다.

앓고 있는 내 동생 곁에서 잠 못 이루고 괴로워하며 몸부림치시던 어머니의 모습이 논 위에 떠 있는 우렁이 같이, 또한 자신을 버려야 하는 낙엽같이 생각되어져 다시 한 번 눈시울이 뜨거웠다.

천지신명의 돌봄도 있었겠지만 어머니의 지극한 정성이 하늘을 감동시키고 땅을 움직여 마침내 동생의 병은 점차 좋아져서 완쾌되었다. 그때 느꼈던 그 안타까움! 마음의 아픔! 죽을는지도 모른다는 슬픔! 싸늘한 새벽바람! 초등학교 4, 5학년 때의 나의 가슴을 파도치고 천둥 치게 하였던 기억이다.

의술이 발달되지 않았던 그 시절에는 죽어가는 어린이들이 많아 애장[2] 이야기가 곧잘 화제에 오르기도 했었다. 이웃 돼지 아저씨의 늦둥이 아들이 그러했고, 부엌일 보던 집 새 남동생이 그러했다.

그 시절 어린 아이를 기르는 데 '막 길러야 잘 큰다'는 잘못된 생각으로 위생이나 건강식이라는 것들은 생각지도 않았고 아무것이나 집어 먹는 것도 그대로 방치해두는 것을 나는 보았다. 이로 인해 귀여운 아이들이 자라지도 못하고 병에 걸려 죽는 일이 많았으니 딱한 일이 아닐 수 없다.

그러나 오늘날은 많이 바뀌었다. 집 모습, 사람들의 옷차림. 그러나 나의 기억 속의 어린 시절, 그때의 마을 정경, 훈훈했던 마을 사람들의 인정과 우애, 헌신적이었던 어머니의 사랑 등이 나의 머리를 가득 채운다. 노인이 다 된 옛 어린 시절의 친구와 작별하고 되돌아 나오니 '도둑 없는 마을'이라 써 붙인 동네 어귀 팻말조차 소리 없이 작별인사를 한다.

2 죽은 아이의 장례.

2

푹 빠졌던 그때 그곳

2-1
진피가 남아 있는 한

바람 없이도 낙엽이 한 잎 두 잎 떨어지는 늦가을이었다. 가을걷이 끝난 논산 황산벌 빈 들은 훤하게 펼쳐져 있고, 벌거숭이 감나무에 주렁주렁 달려 있는 주홍빛 감은 파란 하늘과 어울려 한껏 가을의 정취를 뽐내고 있다. 관광버스에는 동심으로 돌아간 백발 소년들이 가득 타고 있다.

이윽고 목적지의 하나인 강경 옥녀봉 밑에 이르니 까마득한 계단이 우리 앞에 나타난다. 계단 수는 100개가 넘을 듯싶다. 옥녀봉에 호기심을 가진 일행은 한 계단 두 계단 오른다. 보행이 불편한 두서너 명도 안간힘을 다하여 오른다. 연령은 비슷한데 힘들어하는 정도가 꽤 차이가 나는 것 같다. 단숨에 올라가는 이가 있는가 하면 숨을 몰아쉬며 쉬다 가다를 되풀이

하는 이도 있다. 하지만 전체적으로 보아, 마치 산란을 위하여 강원도 남대천을 거슬러 올라가는 연어 떼처럼 힘차 보인다. 간간이 은빛 비늘을 번쩍이며 나아가는 연어 떼. 드디어 옥녀봉 정상에 올랐다.

탁 트인 시야에 강과 들과 산이 한 폭의 그림처럼 비친다. 그리고 청량한 공기가 피부와 마음을 시원하게 한다. 과연 논산 팔경 중의 하나로 손색이 없다. 계룡산과 대둔산에서 흐르는 물이 큰 강을 이루어 합쳐지는 이곳은 뱃길이 되어, 중국 무역상까지 섞인 많은 상선들이 엉키면서 왕래하여 유명한 강경 시장이 형성되었다는 말에 고개가 끄덕여진다. 그리고 늦가을 희미한 안개가 드리워져 있는 들의 저편에서는, 그 옛날 계백장군 오천 군사들의 함성이 울려오는 듯, 말굽소리가 들려오는 듯 아물아물하다.

옥녀봉에 세워진 비문에는 옥녀봉 전설이 적혀 있다. 그 옛날 선녀들이 목욕하러 내려왔다가 주변의 아름다운 경치에 매료되어 돌아갈 시간에 늦고 말았다. 허겁지겁 옷도 제대로 못 걸치고 하늘에 당도했는데, 옥황상제가 시간의 지체는 물론 흐트러진 옷매무새에 크게 노하여 지상으로 추방하였다. 할 수 없이 선녀는 이곳에서 망향의 한을 달래며 지내다 생을 마쳤다. 이곳의 형상이 이 선녀의 무덤같이 생겼다 하여 옥녀봉玉女峰이라 했다는 것이다. "왜 하필이면 무덤에 비유했지? 내가 보기엔 노출된 선녀의 가슴 곡선 같은데……" 하고 농담조로 말하는 이가 있다. 비록 나이 들었지만 가슴 한 구석에 젊음이 남아 있거나 젊어지고 싶은 잠재적 심리가 작용해서일 것이다.

내려오는 길목 바로 아래 고목古木 한 그루가 발길을 멈추게 한다. 이곳을 말없이 지키고 이곳의 전설을 수없이 들어왔을 아주 오래된 괴목이다. 몸뚱이가 삭아 거혈巨穴을 만들고 있는 흉한 몰골이다. 마치 병풍으로 몸통 반쯤을 두른 것같이 외피外皮와 진피眞皮만으로 나무 몸체를 이루어 명맥을 잇고 있다. 측은하게 느껴지기까지 한다. 그런데 위를 올려다보니 젊고 앳되고 윤기 있어 보이는 가지들이 싱싱하게 하늘을 찌르고 있다. '고목에도 꽃이 핀다'는 말이 있긴 하지만 고목에도 새순이 나오고 새 가지가 자란다는 것을 확인하는 순간이었다. 나도 모르게 '와!' 하는 감탄사가 나왔고 일행과 함께 아이들처럼 갈채까지 보냈다. 그리고 이설주李雪舟가 지은 〈고목古木의 독백獨白〉 속의 송수지頌壽誌를 떠올렸다.

청청한 고목으로 서서
낙락한 구름을 먹고

뚜—루—룩

천년 학으로 날고……

다시 진피가 드러나 보일 것 같은 속 빈 나무 밑둥에 시선을 모으고 서성였다. 진피의 질긴 생명력에 감탄해서다. 진피하면 겉껍질의 밑층에 있는 속껍질로, 참가죽이라고 부르기도 하며 비교적 질기고 탄력이 풍부하다고 한다. 이곳을 통하여 수분과 양분이 보급되는 중요 부분이다. 그래서 몸통이 삭아 없어져도 이 진피가 살아 있는 한 그 나무는 생명력을 발휘한다는 것이다. 마지막까지 제 소임을 다하여 생명을 유지케 하는 진피의 힘이 놀랍고 가상하다.

고목 곁을 떠나 계단을 한 칸 한 칸 내려간다. 그 사이에 뇌를 비집고 동요 '떨어질 날 떨어질 날 아직 멀었다, 밤송이 떨어질 날 아직 멀었다'가 떠올라, 혼자 두어 번 흥얼거리며 관광버스에 올라탔다.

길을 서둘러 나머지 답사코스를 찾아가야만 했다. 후백제의 견훤묘, 계백 장군 전적지 및 묘, 성삼문 선생 묘, 김장생과 윤증 선생의 고택을 찾아 이 지방의 문화와 전통과 얼이 살아 숨 쉬는 모습을 느끼고 또 확인하였다. 세월의 망각 속에서도 이토록 이것들이 남아 있는 것들은 결국 이 지방에 문화와 역사적 무형의 진피眞皮가 면면히 존재하고 있는 까닭이 아닐까 하고 생각해보았다.

해가 뉘엿뉘엿 서산 길을 재촉하는 귀로의 버스 안에선 노후생활과 관련된 내용의 익살, 해학, 유머가 줄줄이 터져 나왔다. 공자님이 일흔이 넘은 아버지와 10여 세의 어머니 사이에서 태어난 분이라는 것을 예로 들어, 자신들은 아직 퇴물이 아님을 과시하는 이가 있는가 하면, 노인이 사랑방에 앉아 있는데도 문을 열고 들여다본 한 젊은이가 "어, 사람들이 없네" 하고 돌아가는 것을 보고 불호령을 했다는 이야기로 이즈음의 노인 소외와 멸시 풍조를 풍자하는 이가 있다. 또 어떤 이는 노춘老春이라는 신조어를 풀이한다. 청년기를 청춘靑春이라 하듯 노년기에도 봄이 있으니 노춘이란 말을 쓸 수 있다는 것이다. 그러면서 우리 모두 노년기의 봄을 만들 것을 강조한다. 어떤 이는 어느 중국 동포로부터 들었다는 일소一少 삼지三遲 오다五多 건강법을 전한다. 건강을 위하여 적어야 할 일, 늦어야 할 일, 많아야 할 일들이다.

일소一少란 소식少食을 말하며, 삼지는 식지食遲, 변지便遲, 성지性遲를 말하고, 오다五多는 다동多動, 다욕多慾, 다접多接, 다소多笑, 다면多眠을 말하는 것으로써 이거야말로 건강 비결이고 장수 비결이라고 강변한다. 나이가 들다 보니 건강 비결

내지 장수 비결을 숱하게 듣게 된다. 그때마다 공감을 하지만 어느 부분은 만시지탄을 금하지 못한 채 눈을 감는다.

화제가 바뀌어 오늘 둘러본 논산 지방의 사투리 시리즈가 이어진다. “산토끼 노래와 산퇴끼 노래는 어떻게 다른가?” “산토끼 노래는 학교에서 가르치고 산퇴끼 노래는 핵교에서 가르치는 거야.” “그럼 그 노래는 누가 가르치나요?” “학교에선 선생님이 가르치고 핵교에선 선상님이 가르치지 뭐.” “그곳은 어떻게 찾아가면 되나요?” “학교는 저 무밭과 배추밭 사이의 길을 따라가면 되고 핵교는 저 무수밭과 배차밭 사이의 질을 따라가면 찾을 수 있지.” 한바탕 웃음꽃을 피운다.

모두 오늘 만난 고목처럼 비록 나이 들었으나 진피에 해당하는 부분이 건재하고 있음을 과시라도 하듯, 활기찬 한마당을 만들어 주었다.

한편 건강하고 성공적인 노후는 거저 찾아오는 것이 아니라 스스로 찾아야 한다는 것을 새삼 일깨워주기도 했다.

2-2
푹 빠졌던 그때 그곳

나의 어린 시절은 부모를 비롯한 주변 어른들의 봄 향기와 같은 훈풍 속에서 성장했고, 청년기는 여름철의 강인함과 첫가을의 스산한 바람 같은 시절이었다. 이제 그 모든 계절을 지나 나는 노년기에 성큼 다가가고 있다.

이 무렵, 여름의 신록이 풍기는 생기를 받고 더위 속에서 왕성한 인생의 고비를 겪는 격이 되었다. 흐르는 땀을 한가히 닦을 사이도 없이 해야 할 일들이 밀려오고 있었다. 인생의 육칠십 고개를 넘기는 시기였다.

지금 와서 생각하니 내가 대견하다. 옛날 오륙십은 노년기라 했지만, 나의 경우엔 이 시기가 내 삶의 전성기였다. 그야말로 한 몸에 짐을 두셋 짊어지고 가는 격이었다. 날개 없이 날기도 하고, 물고기처럼 밤에도 물속을 헤엄치기도 하였다. 뙤약볕에 마라톤을 하는 격이랄까? 과장해서 불사조라 할까?

동시에 서너 가지 일을 해내니 무척 힘이 들었다. 그래도 아침에 일어나면 몸이 거뜬하였으니, 이 시절은 에너지 충만하고 일을 많이 해내는 것에 푹 빠졌던 시절이었다. 일을 많이 한 만큼 보람을 느꼈다. 이스라엘 격언에 "죽을 때까지 일하고 살아 있는 동안은 공부한다"라는 말을 금언金言으로 여기고 인생 후반의 생을 살아갈 신념을 다졌다.

정년퇴임 후 나는 더욱 바빠졌다. 국립 중앙박물관 교육특설반에서 2년 동안 공부하고, 성천 동서양 인문고전 아카데미에서 인문학을 5~6년간 청강하고, 이어서 김태길 철학박사가 이끄는 철학연구소에서 철학공부를 근 10년간 계속하였다. 참으로 유익한 공부였다. 이 모든 것이 내 정신과 마음을 살찌워주었다.

물론 지금도 계속 이 사회교육기관과 관계를 맺고 있다. 그 하나로 새 국립 중앙박물관 설립을 앞두고, 세계 주요 박물관 답사와 자료 수집을 위해 멕시코, 페루를 방문한 것이 큰 수확이었다.

성천문화재단에서 실시한 인도문명 답사를 유달영 이사장과 함께 네루대학 교수의 안내로 두루 실시한 일, 이집트문명

정주영 회장의 권유로 평생교유회라는 퇴임 교원 모임을 조직했다.

을 답사한 일 등은 나에게 있어 세계 주요 문화를 바라보는 안목에 큰 도움이 되었다.

국내 여행으로는 지방의 주요 문화재 탐방은 물론이고 서울에서 당일 코스의 문화관광지를 100곳 선정하여 연구 답사한 것은 문화답사 여행에 푹 빠져서 해낸 일이라 할 수 있겠다.

늙어가면서 나의 노후 설계는 물론, 계몽의 차원에서 수도권에 있는 노인학교 교수 요원의 역할을 몇 년간 수행한 것도 하나의 보람으로 여기고 있다.

현대재단에서 시작한 지역사회학교 운영의 일환으로서 정주영 회장의 권유하에 퇴임한 교원들이 조직한 모임이 있다. 이름 하여 평생교유회이다. 자기계발, 친목, 지역사회 교육에 공헌, 특히 노인 문화 진흥이라는 조직 목표하에 착실히 모임을 키워 나갔다. 나는 이 모임의 3대째 회장을 4년간 맡아 동분서주 했던 일이 또한 보람이었고, 푹 빠져 살던 한때였다.

그중 주기적으로 실시한 문화답사와 교양강좌는 그 성과를 크게 내세워도 괜찮을 것이다. 그 후 문화답사는 퇴임 교직자의 범위를 넘어 일반 동호인 모임으로 확장하였으니 '성천문화답사회'이다. 그 당시 나는 감히 '문화전도사'라고 자칭하면서 이 모임의 기획과 해설을 맡았다. 나 자신은 미숙하고 비전문인이지만 이 일에 발동을 거는 역할을 했다고나 할까.

일하는 것이 아이처럼 매우 신났고, 그 일을 통해 나이를 잊었으며, 아직 내가 왕성하게 활동하고 있다는 자부심도 가졌다. 사람들의 호응도 좋았다. 헌데, 답사 모임이 거듭됨에 따라 산줄기와 같은 하나의 맥脈을 감지하게 된다. 그것은 호학好學, 친교親交, 위공爲公, 이란 성천 이념의 맥이다.

성천문화답사회에서.

문화유산을 살피고 공부하는 회원의 움직임이 점점 두터워지고 동호인끼리 자연스러운 사귐과 우정이 깊어지며, 이런 일련의 일을 통하여 지방 문화에 대한 이해와 가치의 수위가 높아져서 결과적으로 자기발전뿐 아니라 이것이 파급되어 위공爲公의 성과도 기대되고 있었다.

'성천답사회'는 위락慰樂보다 교양敎養을, 막연한 관광보다 유목적적有木的的 테마 여행을 해왔고, 지방의 역사와 문화기행에 주력해왔다. 식자들은 21세기는 '문화의 세기'가 될 것이라 했고, 흔히 말하는 '세계화'도 그 나라의 문화를 나름대로 꽃피우는 일이 선결되어야 한다고 했다. 이런 점에서 문화관광의 위상은 높아질 수밖에 없다고 하겠다.

문화관광은 경승지景勝地보다 유적, 유물, 전통공예, 예술 등이 보존되거나 스며 있는 지역, 또는 인물을 대상으로 하며 이곳에서 얻은 탐구 결과를 공유하는 것이다. 나는 이 모임을 통해 성천 아카데미에 더욱 깊은 애착을 가지게 되었고 주위의 친우에게도 아카데미 강좌 수강과 문화답사 모임 참여를 권유하고 있다. 우리 모두는 호학하고 문화를 사랑하는 공통점을 가지고 있다. 이 공통점을 살리기 위해서라도 문화답사회는 더 알차고 성숙되어야 할 것이다.

이 일도 모자라서 시내 도서관에서 학생 생활 지도자 역할, 수필 등단자 모임 동참과 연수를 하는 등 바쁜 나날을 보내다 보니 정년 전보다 더 바쁘다는 아내의 평을 들을 만했다.

'팽이는 돌아야 넘어지지 않고 자전거는 앞으로 굴러가야 넘어지지 않는다'는 말이 있다. 나는 이 말이 좋다. 티베트 말

'두어'는 '움직인다'는 뜻인 동시에 '사람'이란 뜻이 있다. 많은 활동을 하는 인생을 격려하는 의미가 함축된 말로 내가 즐겨 인용하는 말이기도 하다. 그리고 이처럼 열정과 애정을 쏟는 일이 있어서 나이 아흔을 앞둔 장수자가 된 원인의 하나가 되었다고 자평해보기도 한다.

2-3

송죽에 묻어 있는 것들

1998년 2월 말에 문화답사 동호인 네댓 명과 함께 향한 곳은 누정樓亭(누각과 정자) 문화의 본고장 담양이었다. 사대부 문화가 서린 곳이고 호남 가사문학의 본고장이기도 한 이곳은 진작부터 가보고 싶었던 곳이다.

우리 일행은 담양 남면에 있는 독수정에 먼저 들린 후 식영정까지 걸어나오는 코스를 택했다.

독수정은 고려 충신 전신민이, 나라가 망하자 벼슬을 버리고 한 몸에 두 나라를 섬기지 않는다는 것을 다짐하는 뜻으로 세운 정자란다. 대숲이 병풍을 이루고 낙락장송 얽힌 가지가 지붕을 이룬 언덕, 그 위에 세워진 이 정자는 우리에게 대뜸 전신민의 절개를 말하는 듯하였다. 마을 어귀에서 홀로 밭

둑을 정리하는 중년 부인을 만났다. 다가가서 말을 건네니 환한 얼굴로 대해준다. 이 마을, 이 언덕을 지키는 전신민 후예의 며느리란다. 덕이 있고 정감이 가는 여인이다. 그렇게 느낀 것은 전신민의 관향이 내 고향 천안과 일치한다는 점이 한몫을 더해서인지 모른다. 독립기념관이 세워진 천안은 충절의 고장으로 알려져 있는데, 이번에 천안이 연고인 충절공신을 한 분 더 알게 된 셈이다.

우리는 숲속이 어두컴컴할 정도로 빽빽이 우거진 대나무밭을 휘돌아 나와, 소쇄원으로 가는 1.4킬로미터 길을 초봄을 만끽하면서 걸었다. 가면서 대나무에 관한 이야기들을 나누었다. "저 대나무들은 갈대가 무성한 작금의 세태를 마치 비웃기라도 하는 것 같잖아?" 평소에 줏대 없이 인기나 힘에 좌우되는 갈대 같은 사람들을 비판해오던 J씨가 말문을 열었다. 이어서 곧고 단단함과 마디가 있어 부러지지 않아 강직과 꿋꿋함을 배우게 하고, 잎과 가지와 줄기가 같은 녹색인데다, 사시사철 변함없이 푸르러 일편단심을 상징하는 덕목德木 중에 덕목이 바로 이 대나무이고, 사군자의 하나로서 그 고결함과 아름다움이 동양화 화폭에 담아지고 있다는 찬사들이 줄줄이 이어졌다. 한 친구는 한참 만에 "대나무는 병으로 죽게 될 때 꽃을 피워가며 끝을 아름답게 한다던데" 하고 교육계 출신답게 교훈적인 이야기를 더 보탠다. 나는 맞장구를 쳐오다가 오래 전에 본 만화 이야기를 꺼냈다. "길 가다 대숲에서 용변을 보던 나그네가 겉옷을 벗어 대나무에 걸어 놓았는데 용변을 마치고 보니 옷이 온데간데없어 한참 두리번거렸다. 한참만에야 저만치 높은 곳에 걸려 있는 옷을 보고 입을 딱 벌렸다." 용변 보는 사이에 대나무가 그만큼 빨리 자란 것이다. 나는 얼굴 전체의 반보다 크게 그려졌던 만화의 입 모양이 떠올라서 파안을 금치 못했다.

소쇄원 입구에도 대나무 숲이 우거져 있었다. 봄을 기다리던 작은 산새들이 깃을 부풀려가며 생기 넘치게 대숲을 누빈다. 평소 음담을 잘 하는 한 친구는 새들에게 남녀청춘을 연상한 듯, "이 고장에는 자고로 죽쇠, 죽돌이, 죽자, 죽순이가 꽤나 많았겠는걸" 한다.

소쇄원에 들어서니 듣던 그대로, 인위적으로 만들어진 정원이 아니라 아름다운 자연 속에 정원이 심어진, 조선조의 정원임을 직감하게 한다. 우리는 대봉대라고 쓰인 초가 정자에 걸터앉아 여유가 있는 한때를 보냈다. 바위 위로 물이 흐르는 계곡에는 돌다리와 나무 홈 물줄기를 만들었고, 아늑하게 해주는 산자락 원림은 예대로 보존되었다. 아기자기하게 형성된 자연의 지형지물은 그대로 살아 숨 쉬는 듯하고 정자와 누각과 집이 알맞은 곳에 지어지고, 꽃으로 물들여질 화단을 계단으로 만들었다.

소쇄원은 양산보가 기묘사화 때 낙향하고 나서 꾸민 것이다. 양산보는 사화로 희생된 조광조의 문하생이었으며 스승 조광조의 유배지 근방인 이곳에서 은둔생활을 하다가, 55세를 일기로 세상을 떠난 선비이다. 그동안 숱한 원한을 한 곁에 묻어둔 채 유유자적하며 살아갔을 양산보의 생애를 잠시 생각해본다.

사계절을 통한 자연색채의 변화와 조화, 물소리, 새소리, 벌레소리, 대나무 사각대는 소리 등으로 이루어진 하모니, 싱그러운 풀내음, 훈훈한 흙내음, 시원한 바람내음, 향기로운 꽃내음의 어우러짐, 정원 전체가 주는 아름다움과 조화로움 등이 마른 가슴을 적셨을 것이다. 또한 서책에 묻혀 선현을 흠모하는가 하면 화초 가꾸기, 채소밭 손보기로 무료함을 달래고, 때로 지나가는 사람을 붙잡고 환담과 정담으로 빈 마음 한구석을 채워나가는 등으로 자기 삶의 리듬을 조율해갔으리라.

다음으로 창암천(옛 자미탄) 다리를 건너 취가정으로 갔다. 이름 그대로 술과 노래가 묻어 있는 정자임을 느끼게 한다. 무등산 북쪽 자락이 아련히 이어지고 맑은 자미탄 물이 멈추다 흐르고, 시원히 트인 하늘에는 엷고 고운 구름이 비단처럼 깔려 있고……. 그 옛날 선비들이 이 정자에 앉아 "한 잔 먹세그려, 또 한 잔 먹세그려" 하며 술잔을 실컷 기울이다가 홍취를 이기지 못하면 거문고에 흥을 듬뿍 싣고 시간 가는 줄 몰랐으리라. 그리고 그 어느 밤은 앞뜰의 소나무 가지에 걸린 달도 풍류의 한 동아리가 되었겠지. 이 취가정은 본시 임진왜란 때의 의병장 김덕령 장군이 억울한 누명을 쓰고 죽었기 때문에, 그 분의 혼을 위로 하고 공을 기리기 위해 세워진 것이란다. 김덕령 장군의 한과 억울함을 거문고의 홍취가 얼마나 달래주고, 기울이는 술잔이 그 공을 얼마나 기렸을는지.

취가정에서 자미탄 개울 길을 따라 발을 옮기면 바로 환벽당에 이른다. 환벽당은 김성원의 조카 김윤제가 을사사화 때 벼슬을 버리고 와서 칩거하는 동안에 지은 것이란다. 이곳이 그 시대의 문학 창작의 산실이 되었고, 선비들의 친교처이자 휴식처 역할을 하였단다. 정철 선생도 이곳에 머물면서 학문을 익힌 바 있다 한다.

한편 이 둘레의 산수 경관은 뛰어나서 정철은 〈성산별곡〉 속에도 이렇게 노래하였다.

> 한 쌍의 늙은 소나무를 낚시터에 세워두고
> 그 밑에 배를 띄워 가는 대로 버려두니

붉은 여뀌, 흰 마름의 물가를 언제 지났기에
환벽당 용의 못이 뱃머리에 닿았구나.

환벽당 언덕에서 내려와 창암천 다리를 건너면 광주호가 내려다보이는 식영정에 이른다. 들어서자 이 근래에 세운 큰 대리석 '성산별곡비'가 우리를 맞이한다. 그리고 전망 좋은 이곳을 에워싼 멋스러운 노송들이 한 폭의 한국화를 보는 듯 느끼게 한다.

성산별곡은 정철이 식영정을 중심으로 성산별뫼를 소요하던 생활과 선비 김성원을 경모하여 쓴 작품이라 하는데, 원문은 난해한 고어로 되어 있어 해설서를 통하여 감상하는 기회를 가져보았다. 이십대 후반에 지은 것 치고는 너무 걸작이어서 송강 선생의 학문적 조예와 선천적 문인 기질에 새삼 놀라지 않을 수 없었다.

식영정은 김성원이 스승이자 장인이신 임억령을 위해 지은 것이란다. 호남 가단의 진원지라 할 수 있는 이곳에는 양산보, 김윤제, 기대승, 김인후, 정철 등 사림의 명현들이 모였었다고 한다. 낙향, 칩거, 은거하던 이분들의 입에서는 어떤 시국 이야기들이 터져나왔을까? 어떤 학문이 토론되었을까? 언덕의 소나무를 바라보며 독야청청을 몇 번이나 되새겼을까? 때때로 들려오는 시 읊조리는 소리에, 자미탄의 오리들도 귀를 기울였겠지. 이런저런 상념과 망상 속에 발길은 마냥 느려지는 것이었다.

2-4

풍악산을 발로 보고, 금강산을 가슴에 담다

1995년 시월 중순, 우리 일행은 단풍이 한창인 풍악산(금강산) 관광길에 나섰다. 천하명산으로 알려진 우리 금강산을 늙어서 다리가 불편하기 전에 다녀오고 싶은 충동에서다.

동해항에서 해외여행을 떠날 때처럼 여행 절차를 밟은 후 승선한 배는 금강호, 노르웨이에서 핀란드를 향해 항해했던 여객선을 방불케 하는 대형 배다. 우리는 자못 긴장 속에서 승선하였지만 이내 인종시장을 떠올리게 하는 여러 나라 사람들의 혼성 승무원들이 친절하게 환대하는 바람에 분위기가 한결 부드러워졌다. 탁구장, 기타 각종 게임장, 소극장을 비롯하여 고급스러운 침실까지 갖추어진 여객선으로 호화스럽게 느껴졌다. 오리엔테이션과 쇼를 구경하는 동안에 배는 움직였고, 침실에 들어간 후에도 별로 요동을 느끼지 못한 채 잠에 빠져들었다.

북한 장전항에 닿은 것은 다음 날 새벽, 서둘러 아침식사와 등산채비를 마치고 구룡폭포 코스 관광에 나섰다. 구룡폭포는 설악산의 대승폭포, 개성의 박연폭포와 함께 우리나라 3대 폭포 중에 하나란다. 금강산에 들어서자 대뜸 보이는 아름드리 소나무 숲이 이곳이 훼손되지 않은 무위산천無爲山川임을 말해준다. 우리를 태운 버스는 말 그대로 짐승 창자와 같은 급커브 길을 이리 구불 저리 구불 올라간다. 핸들을 있는 대로 꺾어 대는 운전기사는 중국 조선족이라는데 침착해서 믿음직스러웠다. 수십 분 후 버스길이 끝나는 주차장에서부터는 가파르고 험난한 산행길이다. 계곡 따라 돌길 따라 마냥 올라간다. 과연 아름다운 산이다. 만산홍엽은 물까지 붉게 물들이고 소나무 숲만이 낙락장송을 이루고 하늘과 함께 푸르름을 자랑한다.

가을의 금강산을 단풍으로 붉게 타는 산이란 뜻으로 풍악산이라고 한단다.

금강문을 빠져나가 옥류계곡과 연주담에 이르니 물은 맑아 바닥이 보이고, 흐름 자체는 그대로 구슬이다. 물 위에 뜬 듯 무대바위 위에서 머물다가 한바탕 '야호'도 외치며 전진하였다. 구룡폭포 못 미친 연담교에서 선녀가 하늘에서 내려와 목욕을 했다는 상팔담 방향으로 향했다. 길이 가파르고 험난하였다. 하지만 곳곳에서 전망의 아름다움을 만끽할 수 있었다.

노약자는 너무 무리하지 말고, 가까운 구룡폭포로 가서 기다리라고 했는데도 대부분이 상팔담길을 따라 나섰다. 헉헉대며 따라오는 노약자들의 발걸음이 다른 사람에게 새 기운을 불러일으킨다. 올라갔던 길을 되돌아와 구룡폭포의 길로 향한다.

마침내 구룡폭포가 이마 위로 보인다. 상팔담에서 흐르던 물이 낭떠러지 바위에서 부서진다. 백옥 같은 한 줄기 폭포, 천만 섬 구슬이 쉼 없이 쏟아져 내리는 것 같다더니 과연 그러하다. 눈앞의 붉고 노란 단풍나무 사이로 보이는 흰 물줄기, 그 머리 위로 파란 하늘, 진회색을 띈 바위도 한 몫 하여 어우러진 원색의 아름다움을 자아낸다. 한 폭의 그림이다. 근래 들어 사진 기피증에 걸린 나지만 여기서만은 한 컷 찍지 않을 수 없었다.

우리는 아홉 마리의 용 이야기 등 여러 가지 얽힌 전설을 떠올리는 이야기도 못 나누고 퉁소 부는 여유도 갖지 못한 채 하산 길을 서둘렀다. 한참 내려오다 보니 올라갈 때 서 있던 감시원이 그대로 서 있다. "수고들 하시오." 내가 먼저 말을 건넸다. "고맙습니다. 한데 할아버지는 혼자 오셨나요?" "부부가 함께 왔죠. 저 뒤에서 따라오는 여인들 속에서 찾아낼 수 있겠어요?" 싱긋이 웃던 그는 "예. 바로 저분이지요." 찾기 쉽지 않은 상황이었는데 용하게 맞췄다. "족집게처럼 맞췄네요." 그는 스스로를 대견해 한다. 잠시나마 일행은 화기애애한 웃음꽃을 피웠다.

둘째 날은 만물상 코스 관광이다. 오늘은 어제의 쌀쌀한 날씨가 좀 풀린 것처럼 일행의 걸음도 한결 부드러워 보인다. 온정리 들녘은 추수하는 농부의 손길이 바쁘다. 그들은 우리를 전혀 의식하지 않고 일에만 열중하고 있었다. 땅이 척박해서인지 농작물 작황이 남한보다 못하다.

일정 간격으로 군복 차림의 젊은이가 표정 없이 서 있다. 관광객에 대한 경계가 목적인지 보호가 목적인지 한참 공부하고 낭만을 즐길 20세도 채 안 되어 보이는 젊은이가 본래의 홍안에 태양에 그을린 검은빛을 덧칠하고 서있는 모습이 우리의 가슴을 저리게 한다. 그런가 하면 어느 지점 숲 사이에서 천진스러운 어린이들이 손을 살래살래 흔들며 정을 나누어준다. 너무 대조적이다. 나이든 이와 젊은 세대 그리고 어린이들의 표정과 모습이 이토록 다른 것은 자연의 탓일까? 인위의 탓일까?

금강산 관광길에서.

귀면암이 가파른 철계단 위에 만물상의 초병처럼 우뚝 솟아 있다. 그 머리 위에는 때마침 상현 반달이 떠 있었다. 낮에 나온 반달치고는 너무나 선명하다. 다리 난간에 기대어 서서 치켜보고 있노라니 예사롭지 않게 보인다. 지금은 비록 반달이

지만 머지않아 둥근 보름달이 되어 밤을 비춰주리라는 의지를 보여주는 듯, 우리 모두는 하나라는 것을 일깨워주는 듯, 인간들의 어리석음을 나무라는 듯, 여러 가지 모습으로 다가온다. 하나, 바로 옆에서는 영업하는 사진기사가 가는 길을 막아가며 기념사진 찍느라 혈안이다.

반달이 우리 일행을 내려다보며 빙긋이 웃는다.

아! 만물상. 돌이 만 가지 재주를 부린다더니 하늘 높이 솟은 기암괴석이 다투어 뽐낸다. 안내자의 말을 따라가니 용이 몸을 트는 듯, 사자가 할퀴는 듯, 거북이가 기어가는 듯, 새가 둥지 트는 듯, 이러면 이렇고 저러면 저렇고 그러면 그렇다. 나는 저 속에 내 바위도 있을 것 같아 한참 찾아보았다. 치켜만 보던 만물상을 눈높이와 각도를 달리해 보기 위하여 망양대와 천선대를 찾아 올라갔다.

동해 바다와 해금강까지 보인다는 망양대. 다 올라왔다 싶었는데 고개가 있고 고개를 벗어나면 비탈이 있다. 힘겹게 올라갔건만 날씨 탓에 전망미가 시원치 않았다.

되돌아 내려온다. 길은 험하고 산마다 바위이지만 산행인의 숨소리만큼이나 산 전체가 숨 쉬며 움직인다는 것을 감지할 수 있다. 바위틈을 비집고 수수 십년, 수수 백년 살아오고 있는 소나무와 이름 모를 나무들, 계절 따라 금강산, 봉래산, 풍악산, 개골산으로 달리 불리도록 다양한 변화를 가져오는 역동적인 산, 산 전체에서 숨소리가 들려오는 것만 같다.

햇빛 따라 보는 방향 따라 달리 보이는 산, 산봉우리. 바람조차 한 가지가 아니다. 망양대까지의 능선을 지날 때는 몸을 날릴 듯이 세차게 불던 바람이, 비탈길 내려올 때는 몸을 쓰다듬듯 불고, 모퉁이 양지에서는 무풍의 고요함을 맛보게 한다. 천선대 길목에는 약수가 있다. 한 잔 마시면 10년을 더 산다고 한다. 줄서서 한 컵 마시니 금방 새 기운이 솟구친다.

늦었지만 양지바른 천연의 바람막이 바위틈에서 홀로 앉아 간식을 먹었다. 그런데 어느 틈에, 갓 젖을 뗀 듯한 새끼 산쥐 한 마리가 발밑까지 다가와서 알랑거린다. 앙증맞고 귀엽다. 초콜릿 조각을 던져주니 고맙다는 듯이 물고 낙엽 속으로 숨는다. 친근감과 함께 어린것의 배 채움 노력에 가슴이 찡해진다. 좀 전에 계곡 따라 올라올 때 다람쥐도 그러했다. 지나가는 나의 발등을 뜀틀로 여겼는지 뛰어넘을 자세로 다가오곤 하였었다. 친밀감이 가고, 두려움 없이 다가오는 모습이 정답다. 다시 찾아오라는 몸짓으로도 보였다. 자연과 인간 사이는 이렇게 친화적인데 인간과 인간, 사회와 사회 사이는 갈등의 벽이 여전하니 알다가도 모를 일이다.

돌아오는 길에 옵션으로 서커스를 관람하였다. 현대회사가 건설했다는 원형 돔 공연장에서 북한 평양 모란봉교예단이 연출한 곡예다. 관람객들은 입을 모아 그 기교에 경탄하였다. 둘이서 널뛰기를 하다가 공중에서 몇 차례 몸을 돌린 후 반대쪽 널 위에 정확히 내려선다든지, 그네를 뛰다가 몸을 날려 다른 사람과 손을 맞잡는 등, 고난도 고위험의 기교 등이 손에 땀을 쥐게 하였다. 저런 묘기를 가져오기까지는 서커스단에 적합한 기능영재의 선발과, 짜임새 있고 밀도 높은 훈련 과정과 적절한 보상이 뒤따랐을 것이라고 생각되었고 인간의 가능성의 한계는 어디까지인지 고개를 갸웃거리게 하였다.

관람 후 매점에서 북한 술 한 잔과 북한 메밀부침 한 쪽을 사먹고 화끈거리는 얼굴로 버스에 올랐다. 석양이 갈 길을 재촉한다. "질러가면 100리, 돌아가면 30리"라는 오늘의 딱한 금강산 관광길을 "질러가면 30리, 돌아가면 100리"로 바로잡게 되는 날이 빨리 오기를 기원하면서 숙소인 금강호로 향했다.

2-5

눈에 덮인 김부용의 묘

푹푹 발이 빠진다. 푸근하고 소담하게 내린 함박눈에 정강이까지 푹푹 빠진다. 동호인 네 사람과 함께 조선시대 성천成川의 명기名妓, 김부용의 묘를 찾기로 한 날이다.

천안 광덕사 입구에서 김부용의 묘까지는 약 800미터인데 삼태기 모양의 계곡에 들어서자 골짜기 양편에 펼쳐진 아름다운 설경……. 일행의 입에서는 와! 하는 감탄사가 한꺼번에 터져나왔다. 갖가지 겨울나무에 핀 눈꽃과 눈다발은 바람 한 점 없어서 더 아름답게 보인다. 가지 위는 물론 솔잎 하나하나에까지 쌓인 눈은 여성스런 섬세함까지 더해준다. 우리들은 쌓인 눈이 쏟아져 내릴세라 조심스레 발을 옮겨갔다. 그것도 잠시, 계속 한 구석에서는 제 무게를 견디지 못해서인지 간헐적으로 도미노 현상을 불러일으키면서 쏟아져 내린다. 그리고는 삽시간에 눈안개로 변하면서 사라진다. 꽤 깊숙한 산인데도 길가와 눈 언덕에는 이상하리만큼 산짐승의 발자국이 눈에 안 띈다.

드물게 작은 새의 발자국이 무늬를 수놓고 있고 한두 군데 큰 새가 앉았다가 간 듯 흔적이 있을 뿐이다. 배가 고파 헤집고 간 자국인지? 아니면 임과 함께 잠시 뒹굴다가 간 흔적인지? 둘레는 죽은 듯이 고요하다. 우리 일행의 숨소리와 눈 밟는 소리가 전부이다. 눈이 내뿜는 상큼한 공기는 코끝에 싱그럽고, 밟히는 눈에서 전해지는 기氣는 머리끝까지 통하여 온몸에 힘이 솟는다. 그리고 눈부시게 흰 눈세계는 나의 가슴속 중심부까지 희고 맑음으로 꽉 채워준다.

이윽고 김부용 묘의 소재를 알리는 표지판이 우리들의 걸음을 멈추게 한다. 표지판은 언덕의 은빛 배경 때문에 유난히 돋보인다. 표지판을 비끼고 언덕위에 올라서니 묘가 홀연히 나타난다. 김부용의 묘다. 허리춤에도 닿지 못하는 묘비와 함께, 눈 속에 초라했고 외로움과 쓸쓸함 속에서 우리를 반겨주는 듯 했다. 잠시 목례를 마치고 다시 살핀 분봉은 작지만 유난히 둥글고 부드럽게 보인다. K씨는 이런 봉분을 보고 잘 부푼 찐빵 같다고 했고 S씨는 만삭된 어머니의 배 모양과 같다고 했다. 느낌과 시각에 따라 그 비유도 가지가지다. 언젠가, 하나같이 둥근 한국묘의 모양을 놓고 까닭을 묻는 어느 외국인의 질문에 어물어물거렸던 일이 떠오르면서 S씨의 말에 고개가 끄덕여졌다. 만삭된 어머니의 배 모양으로 비유한 것에 공감하고 흥미를 느꼈다. 죽어서, 세상에 나오기 직전의 어머니 배 모양을 한 둥근 무덤 속에 되돌아간다는 생각. 회귀回歸하는 자연의 섭리를 연상케 해서다. 그리고 한편 찐빵 모양으로 비유한 K씨의 말도 예사롭지 않게 들렸다. 그것은 김부용의 기구한 운명과 연관 지어졌기 때문이다. 그는 늙은 선비의 무남독녀로 태어났으나 가세가 기울어 불운하였다. 열 살이 되던 해에 부친과 사별하고 이듬해에 모친마저 잃게 되었으니 졸지에 고아가 된 것이다. 의지할 곳 없고 먹고살 길이 막연하여 궁여지책窮餘之策으로 설매雪梅라는 퇴기의 수양딸이 되었다고 한다.

나무에 쌓인 눈이 쏟아져 내리듯 그렇게 가세가 무너져 내렸고 살아남은 어린 부용은 천장에서 바닥으로 떨어져 내린 듯 처참해졌다. 이런 와중에서 모성애는 물론 빵에도 굶주렸으리라는 것은 불을 보듯 뻔하다. 다행히 그녀는 자라면서 뛰어난 미모와 남다른 시재詩才가 남의 눈을 끌었다고 한다. 당대의 선비들이 시서화답詩書和答으로 풍류를 즐기는 동안에 시재의 싹을 틔울 수 있었고 한성판윤(평양감사) 김이양金履陽과 만나게 되었으며 급기야는 그의 소실이 되었다. 47세 연상인 남편이지만 15년간 한시를 교환하면서 사랑을 나누다가 사별하였고, 김이양이 죽은 지 5년 만에 그녀 또한 뒤따라 죽었다. 그리고 남편 무덤 근처인 이곳에 소리 없이 묻혀 있는 것이다. 묘 곁에 세워진 초라한 묘석은 김부용의 많은 한을 담고 있는 듯 했다.

이 두 사람의 결합은 천생연분이라고 하기엔 너무나 가혹한 옛날이야기이다. 나이차가 많이 날 뿐 만 아니라 신분의 차이로 넘기 어려운 고초를 당했을 것이니 말이다. 부용이 출생한 다음해에 관노비 해방이라는 조치가 있었다지만, 천기賤妓라는 신분은 여전히 큰 약점이었다. 그렇기 때문에 한성판윤(평양감사)의 은총을 받는 것만으로도 감격스러워 늙은 지아비와 인연을 맺고 정성으로 모셨는지도 모를 일이다. 그러나 그가 남긴 한시 300여 수는 이 모두를 뛰어 넘은 연정과 뜨거운 애정을 엿보게 한다.

나는 그의 대표작 〈춘풍春風〉과 층층시 〈연서戀書〉를 여행 주머니에서 꺼내어 본다.

춘풍

수양버들 창가에 기대어서니

임 없는 빈 집엔 푸르른 이끼

주렴 밖엔 봄바람 절로 이나니

임 오시나 속은 게 몇 번이던고

垂楊深處依開窓

小院無人長綠苔

簾外時聞風自起

機回錯認故人來

멀리 떨어져 있는 임을 애타게 기다리는 연모의 정을 봄바람이 이는 수양버들에 물들이고 오늘도 소식 없이 저무는 서산의 해를 아쉬워하는 모습이 보이는 듯하다.

이와 함께 부용상사곡芙蓉相思曲의 〈연서戀書〉가 그녀의 그리움을 더 절절하게 전해준다.

연서

이별하오니,

그립습니다.

길은 멀고,

글월은 더디 옵니다.

생각은 저기 있고,

몸은 여기 있사옵니다.

비단수건은 눈물에 젖었건만,

가까이 모실 날은 기약이 아득합니다.

향각에서 종소리 들려오는 이 밤,

연광정에서 달이 떠오르는 이 때,

고침에 의지하여 잔몽을 놀라 깬 몸.

귀운을 바라보니 원리가 슬프오리다.

(……)

천리에 사람 기다리기 어렵고 사람 기다리기 이렇게 어려우니 군자의 박정이 이렇게도 심하시나이까.

삼시에 문을 나가 멀리 바라보니 애처롭도다. 천첩의 고심이 과연 어떠하겠나이까.

오직 바라옵건대 관인하신 대장부께서는 뜻을 결하시고 강을 건너 오셔서 구록의 촛불 아래 혼연히 대해주시사.

연약한 아녀자가 슬픔을 머금고 황천객이 되어 외로운 혼이 달 가운데서 길이 울지 않게 해주시옵소서.

別

思

路遠

信遲

念在彼

身留玆

羅巾有淚

紈扇無期

香閣鐘鳴夜

鍊亭月上時

倚孤驚殘夢

望歸雲恨遠離

(……)

千里待人難待人難甚矣君子薄情如是耶

三時出門望出門望哀哉賤妾苦心果何如

惟願寬仁大丈夫決意渡江舊緣燭下欣相對

勿使軟弱兒女子含淚歸泉孤魂月中泣長隨

구구절절 별거의 아쉬움이 애틋하다. 그리고 한시의 형식이 1, 1, 2, 2, 3, 3…… 18, 18자로 이어지는 층층시層層詩로 되어 있어 재미가 있다.

하산길은 올라갈 때보다 그 속도가 느렸다. 눈 무게에 휘청

이는 소나무 가지 사이로 햇빛은 쏟아지고 유리가루에서 반사하듯 빛나 하산하는 우리 일행의 눈을 한껏 부시게 한다.

한동안 숙연해졌다.

남김. "인생은 짧고 예술은 길다" 했듯이 길게 남겨지는 예술작품. 이승을 다녀간 숱한 사람이 남기고 간 것이 그 사람 수만큼 많겠지만, 문화예술의 남김만큼 오래 빛나는 게 없다는 것을 새삼 되새기게 한다. 그녀가 이승을 뜬지 150년이 지났건만, 작가 정비석 선생이 이곳 유처를 힘들게 밝히고, 이어서 이곳 천안의 문인들이 그녀의 문학을 빛내려고 노력하고 있으며, 설중에 우리 일행까지도 이곳에 오게 했으니 말이다.

산기슭에 이르니 소담한 눈을 머리에 인 천년고찰 광덕사가 뒤돌아보는 나의 상념에 동조해주는 것만 같았다.

2-6

새벽의 팔공산

여행과 산행을 좋아하여 이곳저곳을 다니곤 했지만 새벽 등산을 위하여 하루 전 밤차를 타고 떠나기란 이번이 처음이다. 처음엔 엄두를 못 내어 망설였지만 권유에 못 이겨 채비를 서둘러 떠난 것은 대설을 며칠 뒤에 둔 어느 날의 밤이었다. 11시 반경에 떠나는 서울발 부산행 열차에 몸을 실었다.

기차에 오르니 초등학교 시절에 있었던 수학여행이 회상되었다. 옆자리에 모여앉아 재미있게 떠들어대는 젊은이들이 더욱 수학여행의 추억을 되살아나게 부채질 하는 것이었다.

창밖은 어둡다 못해 먹물을 끼얹은 것 같아 아무것도 보이지 않았다. 하지만 지그시 감은 눈 속에서는 어린 시절에 있었던 일이 꼬리를 물고 나타나기도 하고, 어렴풋이 시골 겨울경치가 나타나기도 했다.

잠을 이루려고 애를 써보기도 했으나 잠은 오지 않았다. 재미있게 떠들어대는 옆자리의 경상도 젊은이들과 함께 이야기를 나누는 동안에 동대구역에 닿고 보니 지나가는 차도 드문드문, 깜깜한 새벽 거리였다.

역 앞 식당에서 간단한 식사를 마치고 쉴 사이도 없이 택시를 타고 팔공산으로 향하였다. 수십 분 후 그곳 동화사에 이르니 아직 어두움이 가시지 않아 길을 찾기 힘들 지경이었다. 조반을 짓는 여승에게 길을 물어 더듬더듬 산길을 오르기 시작했다. 부지런한 스님들도 아직 잠에서 깨어나지 않았는지 절간은 너무나도 조용하였다.

한참 올라가려니까 산새들의 소리와 함께 길은 환하게 밝아지고 숲 속 산 경치가 펼쳐졌다. 산중턱에 이르러 떠오르는 아침 해를 볼 수 있었는데, 그 광경은 도시에 묻혀 살아온 나의 가슴에 아름다움과 싱그러움을 듬뿍 안겨주는 것이었다.

팔공산의 주산봉은 해발 1192미터라고 하는데, 그곳에는 군부대와 TV송신소가 있어 출입을 제한하고 있기 때문에 우리 일행은 바로 옆의 1115미터의 봉우리 정상에 올랐다. 동서로 길게 뻗은 태백산맥이 한눈에 보였는데 이곳이 바로 태백산맥의 남쪽 끝부분이라고 한다. 산이 웅장하고 내려다보이는 계곡들이 저마다 제 모습을 자랑하고 있는 것 같았다. 이 모든 것이 젊은 사람들만이 느끼고 만끽하는 것으로 생각했었는데 한 걸음 한 걸음 정상까지 오르다보니 '무엇이든 하면 된다'는 것을 느끼게 되었다.

이곳에서 남쪽으로 20킬로미터 정도 떨어져 있는 대구시는 내가 한국전쟁 때 피난생활을 했던 곳이다. 숱한 고생을 했던 곳이지만 그런대로 정답고 그리워지는 곳이기도 하다.

우리는 산 정상의 공기를 마음껏 마신 후 다시 동화사 쪽으로 내려와 좀 이르긴 했지만 점심을 지어먹었다. 우리 일행은 준비하기 쉽고 먹기 쉬운 떡국을 끓여 먹었는데 그제야 무뚝뚝한 경상도 아저씨 한 분이 "보이소, 산에 와선 떡국을 끓이지 맙시다. 산에 오르는 사람은 나이 먹는 것을 무엇보다 안타까워하는데 와 나이를 먹게 하는 떡국을 먹는교" 하는 것이었다. 우리는 그 말이 그럴듯하다며 깔깔대고 웃었다.

그곳에서 버스정류장까지 하산하는 길은 너무 멀었다. 버스정류장에서 사먹은 파전 역시 맛이 그다지 좋지 않았는데, 이것은 아마 올라가던 길과 떡국 맛이 너무도 좋았기 때문에 상대적으로 그렇게 느껴졌을 것이다.

이번 새벽 산행은 새벽의 싱그러움과 자연의 아름다움을 만끽하게 한 유익하고 즐거운 여행이었다.

2-7

막장

차창 밖이 마냥 푸르른 태백행 기차에 몸을 싣고 서울을 떠나니 네 시간 반 만에 태백시에 도착하였다.

친절한 장 원장의 주선으로 태백산 등산과 광산 견학을 계획하게 된 것이다. 태백시 하면 탄광으로 유명하다는 것은 누구나 다 안다. 그러나 탄광의 갱도 속을 견학하기란 그리 쉽지 않은 모양인데 이 고장의 유지인 장 원장의 특별한 주선으로 우리는 탄광 갱도 속과 막장 견학을 할 수 있게 되었다.

탄광 사무실에서 광부 차림으로 옷을 갈아입었다. 속옷과 양말까지 갈아입었다. 머리에는 헬멧을 쓰고 헤어라이트를 달고 목에는 마스크를, 허리에는 헤드라이트 건전지를 차고 발에는 고무장화, 손에는 흰 장갑, 그리고 수건을 목에 거니 우리도 틀림없는 광부의 모습이었다. 이윽고 대기하고 있는 광부들과 견인차에 동승, 갱도에 접어드니 왠지 불안과 공포심이 엄습한다.

잠깐 안을 들여다보는 정도로 알았는데 자꾸만 진입하여 견인차로 2.2킬로미터, 다시 꺾어서 로프웨어로 800미터, 또 견인차로 약간 가다 내려서 50~60미터의 계단을 걸어 올라가니 여기가 채탄하는 막장으로서 지하 깊이 약 300미터 지점이라고 한다. 1시간 가까이 진입해오는 동안은 삭막하기 짝이 없는 갱도로서, 우리 일행은 거의 말이 없었다.

사교장이 가까워지자 탄가루에 헤드라이트 빛이 부옇게 보였다. 그래서 우리는 마스크를 썼다. 한참 올라가니 숨이 찼다. 마스크를 떼었다 대었다 하면서 작업장 안에 이르니, 저마다 부착한 헤드라이트의 불이 반짝일 뿐 누가 누군지 식별하기 어려운 상태였고, 몸을 겨우 가눌 정도로 비좁았는데 광원들은 채탄하느라 분주하였다.

이곳이 탄광의 막장이란다. 괴탄보다 분탄이 주로 생산되는 곳이기 때문에 삽질을 많이 하는 모습을 볼 수 있다.

이 탄광은 국내에서 가장 최신 채탄기를 시설하고 있다는 것이다. 독일에서 수입했다는 이 기계는 암석을 받치는 힘도 세거니와 자동으로 이동하는 기능까지 갖추고 있어 작업의 안전성과 능률을 올릴 수 있다고 한다.

우리는 숨 막힐 정도로 좁은 작업장을 이리저리 스쳐 가며 잠시나마 광부들과 호흡을 함께 하였다.

기계화가 됐다고 하지만 너무나 작업 여건이 좋지 않아 그저 이 분들에 대하여 측은함과 생산전사로서의 노고에 대한 감사함이 마음에 가득하였다. 더욱이 아직 기계화가 덜 된 대부분의 영세 탄광에서는 갱목을 지고 막장을 기어서 오르고 있다 하니 탄광의 어려운 사정을 알 만하였다. 작업장을 돌아나와 견인차를 기다리는 자리에서 안내자는 말문을 열었다.

"이곳은 우리나라 탄광 중에서 가장 시설이 좋고, 생산성과 안전성이 높으며 광부들에 대한 대우가 좋은 곳입니다. 그리고 엄청난 투자를 한 곳입니다. 이 갱도를 만드는데 있어 1미터 간격으로 받침 철 기둥이 있었는데 기둥과 기둥 사이, 즉 1미터 갱도에 120여만 원의 공장비가 소요되니까 1킬로미터면 12억 원, 이렇게 따져 볼 때 얼마나 많은 투자를 했는지 아실 수 있을 겁니다. 채탄을 한다는 것은 어느 의미에서 자연을 파괴하는 것이라 자연의 신은 노할 수밖에 없고, 신문보도에 가끔 나오는 갱도 속에서의 불상사는 바로 이 자연이 노하는 것이라고도 할 수 있겠죠. 그러나 우리는 안전진단을 철저히 합니다. 탄광 하면 그저 위험한 곳으로 일반사람들은 인식하고 있는데 그것은 잘못된 생각입니다. 이곳에서 일어난 일 가운데 교육과 관련된 일 몇 가지를 소개하겠습니다.

비행소년 불량학생으로 지목된 고교생의 아버지가 이곳 막장에서 일을 하고 있었답니다. 그런데 아들이 설득과 매질로도 바로잡기 힘들어 고민하던 중, 어느 날 그 자식을 데리고 이 갱도 깊숙이 들어와 채탄하는 모습을 보여주었더니 이 학생은 마침내 석탄으로 뒤범벅이 된 아버지 옷자락을 잡고 땀에 얼룩진 아버지 얼굴에 제 얼굴을 대고 비비면서 와락 울음을 터뜨렸다고 합니다.

'아버지가 이런 곳에서 이렇게 힘든 노동을 하고 계신 줄 미처 몰랐습니다' 하며 눈물로 참회하여 동료 광부들의 눈시울을 뜨겁게 하였답니다. 아들은 '아버지, 제가 잘못하였습니다. 아버지, 내일부터 이 일을 그만둬주세요. 제가 무슨 일을 해서라도 아버지를 잘 모시겠습니다' 하고 다음날부터 아들은 다시 태어난 것처럼 선량해졌고, 학업을 열심히 함은 물론 남달리 효심이 두터운 사람으로 바뀌었다고 합니다.

요즘도 방학이 되면 서울 등지에서 '내 자식을 그곳에 방학 동안 아르바이트를 보낼 테니 부탁합니다' 하는 전화 요청이 옵니다. 자식교육을 바로 하자는 부모님들의 충정을 이해하고 기꺼이 그 요구를 받아들이고 있습니다."

이렇게 안내자는 말한다.

우리는 이윽고 견인차를 타고 출구로 향했다. 들어올 때 꽁꽁 얼어붙었던 내 마음은 어디 가고 나갈 때엔 풀릴 대로 풀린 느낌이었다. 사람들과 무릎이 엇갈리게 마주앉아 타게 되는 견인차. 내 앞에 앉은 광부는 피부가 하얀 젊은이었다. 광부 경력 5년에 아직 미혼이라고 한다. 몇 년 더 고생하여 장가 밑천 마련하겠노라고 활짝 웃어 보였다. 이 갱도 속에서 이처럼 웃는 얼굴을 처음 보니 환한 햇빛을 만나는 느낌이었다. 옆에 앉은 나이 지긋한 광부가 끼어들어 이야기를 한다.

"서울에서 오신 선생님들이라 들었는데 느낌이 어떻습니까? 나는 광부생활 12년이 되는 사람입니다. 앞으로도 한동안 이 일을 계속할 사람인데, 광부생활이 여러분이 생각하는 것처럼 또는 옛날이야기처럼 죄인이나 하고 막간 인생이나 하는 그런 직업이 아닙니다. 나는 오히려 달동네 사람들을 가엾게 생각합니다. 우리에게는 집이 주어지고 배급도 받아 식생활에 어려움이 없을 뿐만 아니라 연 1400만 원 정도 보수를 받고, 학생에겐 장학금이 지급되어 양육과 자식교육을 그런대로 하고 있습니다. 요즈음은 근무 조건도 매우 좋아져 탄 캐는 일은 6시간 밖에 안 합니다. 내 아는 친구 몇몇은 이곳을 떠났다가 다시 돌아와 나름대로 보람을 되찾고 잘 살아가고 있습니다."

이런 말을 하는 가운데 젊은 광원도 갱도 수리작업장에서 내렸고, 나이든 광원은 다시 갱도 속의 이야기를 계속한다.

비스듬히 파 내려가는 동안 지하수 처리방법이며, 고압공기로 산소를 공급하는 이야기며 완벽한 전기시설에 관한 이야기를 한다.

이야기 하는 동안에 갱도 입구까지의 거리표지판이 500에서 300, 200, 100으로 바뀌더니 드디어 환한 갱 밖이 전개되었다. 우리는 광명 대천지를 만나 해방된 기분으로 심호흡을 하며 환호했다. 들어가던 때와 달리 모두의 표정은 밝았으며, 기념촬영을 하느라 바쁘다.

탄광 견학을 하고 돌아온 우리는 이곳에서 길렀다는 토종닭 백숙으로 점심을 함께 하며 견학을 주선해주신 장 원장님의 이야기에 귀를 기울인다.

"이 태백시는 광산으로 인하여 만들어진 광산촌인데 이곳도 매우 흥청거리던 한 때가 있었습니다. 광부들은 월급을 받으면 술집 등지에서 마구 돈을 뿌려댔습니다. 동네 개가 길에 떨어진 500원 짜리를 물고 돌아다닐 정도였으니까요.

그때만 해도 그날 벌어 그날 탕진하는 무절제하고 방탕한 분위기였기 때문에 취객이 거리를 메우고 골목 처마 밑에는 술 취해 누운 사람들이 눈에 띄어 미국 서부 개척시대에 있어서의 '라스베가스' 분위기라고나 할까요. 말하자면 들뜬 말세적 현상이라고 하면 되겠군요.

그런데 요즈음은 너무나 달라졌습니다. 광부들의 생활이 건전해졌습니다. 우선 거리가 조용하고 술장사가 잘 안 됩니다. 그 원인으로는 탄광촌이 사양길에 접어들었다는 점입니다. 탄 이외의 에너지 개발과 탄의 수요가 줄었다는 점도 있고, 막장이 싫다고 떠나는 사람은 많아졌지만, 그 자리를 메울 인력이 뒤따르지 못하는 실정입니다. 소위 '3D 기피 현상'이 주요 요인 중의 하나라고 할 수 있습니다. 어렵고, 더럽고, 위험한 일을 하지 않으려는 경향이 그것입니다. 그리고 이 지방을 살펴보면 아직도 가난과 무지와 미숙이 밑바닥에 깔려 있어 경제적인 면 외에 문화적·정신적인 면에서 구제의 손길을 기다리고 있는 곳입니다. 그래서 나는 이 지방에 뿌리내리면서 이 고장을 살려 나가는 데 힘을 기울여 내 인생의 보람을 찾고자 결심을 하였습니다."

순간 나는 가슴이 찡했다. 복 받을 결심이다. 보람된 인생계획이다. 이 지방은 새로운 관광지로 각광을 받을 수 있는 가능성도 있으니 더욱 희망적이다. 나는 그리되길 빌고 또 그리 될 줄 믿으며 태백을 훌훌 떠났다.

2-8
황병산과 대관령 고천제

오늘은 1989년 10월 3일! 4322번째를 맞는 개천절이다. 우리 교육가족산우회원 일동은 한국걷기협회 회원들과 함께 '고천제告天祭'를 올리기 위해 대관령 대초원을 찾았다. 불붙어 타오르는 듯 오색단풍, 풍요로움을 자랑하는 황금물결, 풋풋한 가을 냄새……. 차창을 내다보며 가을을 만끽하는 동안에 굽이쳐 흐르는 섬강에 이르니 이곳이 경기도와 강원도의 경계라 한다.

섬강蟾江의 섬蟾 자는 두꺼비 섬 자이다. 이 길을 거슬러 올라가면 두꺼비 형상을 한 바위가 있다고 해서 '섬강'이라고 이름 지어졌다 한다. 섬강을 건너면 강원도 내에서 가장 넓다는 들녘이 펼쳐지는데 바로 이곳에 평화로운 문막마을이 자리 잡고 있다. 본래는 물이 풍부하다 하여 '물막'이라고 하다가 시간이 흘러 지금은 '문막'이라 불리는 것이다.

문막은 산과 들과 물이 썩 잘 어우러져 정기가 남다르다 생각했는데 역시 임경업·조엄 등 선현들이 많이 배출된 이름난 마을이라고 한다. 영동고속도로를 얼마간 더 달려 옛날 세 정승이 피난한 적이 있다는 '삼정평三政坪'이라 불리는 해발 1050미터의 산간분지(영남의 사자평전, 지리산의 세석평전과 함께 특이한 고산지형을 이루고 있는 곳)에 위치한 S식품 제2 공장에 당도하였다.

거대한 자동화 공장으로 우유, 아이스크림 등이 생산되는 곳이다. 우리는 이곳에서 휴식을 취하면서 점심을 먹었다. 라면 체질이 아니었지만, 김치라면에 뜨거운 물을 부어 먹어보니 그 맛이 일품이었고, 요즘 외국인도 라면을 즐겨 먹는 까닭을 알만 했다. 음료수 한 잔 마시기도 바쁘게 승차한 일행은 다시 대관령을 향하는 도중에 양계養鷄를 많이 하기로 유명한 호조면 일대를 지나갔다. 이곳의 달걀 생산량은 전국 총생산량의 40퍼센트를 차지한다고 하니 그 규모를 가히 짐작 할 수 있었다.

우리는 다시 원주에서 하차하여 S라면 공장에 들렀다. 정문에 들어서자 건설의 소리가 드높게 울려 퍼졌고, 분주하게 일하는 사원들의 발걸음이 매우 활기차 보였다. 요란하게 돌아가는 기계 옆에서 바쁜 손놀림을 하는 직공들이 가끔 눈에 띄긴 했지만 거의 모든 시설이 자동화自動化된 엄청난 공장 규모에 놀라움을 금할 수 없었다. 라면이 줄지어 나오고, 라면 박스가 순식간에 쌓이는 생산 공장을 보면서 우리는 굶주림에 시달렸던 기아飢餓의 시대에서 포식飽食의 시대로 접어들었음을 실감할 수 있었다.

버스를 다시 왼쪽으로 오대산에 접어들어 계속 달렸다. 나는 이곳을 지나면서 얼핏 생각나는 것이 있었다. 강원도는 오대산五臺山 말고도 '오五'라는 숫자가 붙어 있는 이름이 많다는 사실이다. 묵호의 오학산, 오악사, 대청봉의 오연폭포, 내설악의 오세암과 오색약수터가 모두 그러하다. 그리고 관동 지방에 뜨는 달도 다섯이 있다고 하니 이 또한 우연히 맞아떨어지는 오의 숫자 타령이 아닐는지?

하늘에 떠 있는 달
맑은 바다에 비친 달
벗과 들어앉아, 주거니 받거니 하는 술잔 속에 비친 달
이야기를 주고받는 친구의 눈 속에 있는 달
두 사람 가슴 속에 비친 달

이렇게 관동지방의 다섯 개의 달을 묘사한 옛 시인의 글귀가 전해지는 걸 보면, 강원도는 '오'라는 숫자와 어떤 깊은 인연이 있는 도道인 것 같다.

우리는 다시 평창의 고소득 마을을 지났다. 이 마을은 고랭지대의 농산물인 감자, 당근, 채소 등을 재배하고 가축도 사육하여 도시사람 못지않게 고소득을 올려 풍요롭게 생활하고 있단다. 참 좋은 곳이란 생각이 절로 든다. 공해에 찌들고 공해에 관한 피해의식에 젖어 있는 도시인으로서는 마냥 부러운 무공해 지역이었다. 그러나 무공해를 예찬하는 우리 일행에게 안내자는 반드시 그런 것만은 아니라고 다음과 같은 말을 해주었다.

우리의 목적지인 대관령 목장은 연곡천, 오대천, 송천 세 강의 발원지인데, 이곳에서 흐르는 목장의 오물이 강을 오염시켜 이 강 유역에 살고 있는 사람들에게 거부감을 주고 있어 수질오염에 대한 재검토와 대책이 절실히 요구되고 있는 실정이라는 것이다.

하지만 이곳에서 흐르는 물을 따라 하류로 내려가면서 계속 오염도를 측정해보니 그렇게 우려할 만한 것은 아니고, 목장의 오물은 처리 여하에 따라 충분히 정화되어 하류에서는 별다른 공해를 가져오지 않게 할 수도 있다는 것이다.

이윽고 우리는 이리 구불 저리 구불 대관령 목장을 누비면서 고천제告天祭를 지낼 소황병산 언덕에 이르렀다.

웃자란 풀밭을 헤쳐가며 올라가 풀밭에 자리를 깔고 준비해 온 제물을 격식에 따라 진설한 후 고유의 제복을 입은 제주를 앞세워 우리 일행은 엄숙히 제를 올렸다. 안개가 끼고 가는 비가 섞인 곳이었지만 한 순간 배달민족의 핏줄을 함께 느낄 수 있는 진지한 마음과 정숙함이 이곳을 가득 메웠다.

강릉에서 이름난 두 무당을 초대하여 한마당 굿을 연출하며 하늘에 제사를 지내는 우리의 옛 풍속을 되살려보려는 주최 측의 노력이 있었으나, 더해지는 비바람으로 인해 그 뜻을 충분히 나타내지 못한 것이 아쉬웠다. 하산하여 목장 강당에서 '상고사上古史와 개천절'이란 주제로 기념 심포지엄을 하면서 오늘의 뜻을 다시 새기었고, 이윽고 발길을 산 아래로 옮겼다.

우리 민족은 예부터 하늘을 공경하고 하늘을 받들어온 백성임이 분명한 것 같다. 상고 때부터 천제를 지내왔고 10월 3일이면 고천제를 지내왔다는 기록이 있으니 말이다. 고천제를 지낼 때엔 태백산을 향해 절을 했다는 기록이 있어, 이곳 태백산 줄기에 있는 대관령을 고천제 장소로 정하였으니 이 또한 뜻있는 일이라 하겠다.

맑게 갠 날이면 짙푸른 동해안 수평선이 한눈에 들어오고 서남쪽으로는 광활하게 펼쳐진 목초지가 보이며 정상에 있는 시설물과 함께 어울려 신비한 조화를 이룬다는데, 이날은 짙은 안개와 간간이 비를 뿌리는 저공의 검은 구름 때문에 그 광경을 감상하지 못한 것이 매우 안타까웠다. 하지만 600만 평에 이른다는 광활한 초지를 오르내리는 동안에 초지에서 풍기는 내음과 푸름을 만끽할 수 있었고, 자연을 개척하는 인간의 힘이 얼마나 위대한가를 새삼 느끼게 된 것도 큰 소득이었다. 곳곳에 써 붙인 '초지는 우유이며 고기이다'라는 팻말의 글씨가 인상 깊게 시야에 들어왔다.

대자연의 혜택을 입은 강원도, 푸른 강원도, 젊은 강원도, 희망의 강원도, 무공해 강원도, 초지의 강원도, 목장의 강원도는 먹지 않아도 배가 부를 만큼의 가슴 뿌듯함을 우리에게 안겨주었다.

2-9

산수유 마을의 게르마늄 온천장

지리산 남쪽 기슭의 구례군 산동엘 갔다. 온천욕을 겸한 겨울 가족여행을 위해서다. 두 달여 전에 한국교원공제회가 개관한 가족 호텔을 일찍 이용해보자는 것도 이유 중의 하나였다.

웅장한 지리산 영봉과 거기서 갈라진 좌우 산자락이 포근히 감싼 부채꼴 모양의 산동 들판은, 대뜸 아늑한 분위기를 안겨준다. 그리고 풍만한 자연의 모체에서 솟아나오는 게르마늄 온천수는, 이 지방에 내린 천혜의 넉넉함을 자랑하는 듯하다.

여장을 풀고 욕장에 들어갔다. 새로운 시설로 시원스레 꾸며진 욕실과 맑고 깨끗한 물로 채워진 테마 욕탕이 마음을 끈다. 온탕, 열탕, 노천탕을 번갈아 가면서 목욕의 즐거움을 만끽한다. 시골의 푸른 하늘을 우러러볼 수 있는 노천탕인데 그날은 약간의 겨울 안개로 시야가 흐려져 아쉬웠다. 그러나 틈새를 뚫고 반짝이는 별이 있어 그런대로 인상적이다. 한편 여러 해 전에 일본에서 겪었던 눈 내리는 노천탕에서의 낭만을 회상하기도 하였다.

목욕 후의 개운함과 시장기를 온몸으로 느끼면서 석식 식당엘 갔다. 이 지방에서 유명하다는 남도 백반정식을 청하였다. 열두 가지 반찬이 맛깔나고 특히 청국장찌개가 일미다. 주인 아줌마가 친근감 있게 다가오더니 이 지방의 산수유 술을 권한다. 특별 서비스란다. 평소 술을 입에 대지도 않는 아내도, 받은 잔을 겁 없이 비우며 생긋 웃는다. 식사 후 불그스레 달구어진 얼굴로 호텔에 돌아와 숙면의 세계에 빠져들었다.

다음 날 조식은 호텔 내 식당에서 하기로 했는데, 단체 손님들의 예약으로 자리가 없단다. 특별 부탁으로 식당 한 구석에서 식사를 마친 후 시골동네를 살필 겸 아침 산책에 나섰다. 아내는 아침 TV 드라마를 시청하기 위해 호텔방으로 가겠단다. 드라마 시청은 집에서도 할 수 있는 일이니 이곳에서만 맛볼 수 있는 동네 속 아침 산책을 하자고 권했으나 기어코 TV 시청을 하겠단다. 여성들의 드라마 선호 경향을 모르는 바 아니지만 못마땅했다. 나의 여행철학이랄까, 여행수칙은 여행지에만 있는 것, 여행지에서만 할 수 있는 것을 우선적으로 경험하자는 것이다.

내 발길은 어느덧 산수유나무가 무성한 한 마을에 다다랐다. 마을 전체에 수백 그루의 산수유나무가 앙상한 모습으로 겨울을 보내고 있다. 산수유나무는 마디마다 두 개의 가지로 대생對生하며 높이가 3미터 가량 되는 교목이다. 나중에 들어 안 일이지만 중국이 원산지인 이 나무의 열매는 한약재로서 해열, 강장제 등으로 쓰인다고 한다. 그래서 예로부터 이 지방의 소득원 역할을 톡톡히 해오고 있다는 것이다.

산수유나무로 숲을 이루고 있는 이 마을은 엷은 겨울 안개가 사뿐히 뒤덮어 아늑함을 더해주고 있고, 새소리마저 들리지 않아 적막함과 쓸쓸함을 느끼게 한다. 이 마을은 돌담 마을이기도 했다. 집과 집의 경계가 돌담이고, 골목 길가가 온통 돌담이다. 고색창연한 돌담은 돌이끼와 추위로 고사枯死한 넝쿨에 엉킨 채 누워 있고, 어느 부분은 허물어진 채 방치되어 있어 눈물겹다. 이런 돌담길을 이리 구불 저리 구불 거닐며 만감에 젖는다. 인적 드문 대문밖에 매어놓은 개 한 마리가 짖지 않고 나를 멀거니 바라본다. 이 아침의 고요를 깨지 않으려는 것인지 짖을 필요를 느끼지 않아서인지.

좁은 골목길을 빠져 나와 너른 길로 나왔다. 거기에는 홑옷만 걸쳐 입은 남루한 여인이 등교하는 어린 자식의 옷매무새를 바로 잡아주고 있다. 잠시 후에 노란색 유치원 봉고차가 정차하자 어린아이는 손을 흔들며 승차한다. 이 동네에서 한 명, 저 동네에서 두 명의 유치원생을 실어 나르는 통학버스다.

유치원 통학버스가 지나간 후 초등학생 어린이 하나가 저 건너 마을에서 논두렁길을 따라 걸어오는 친구를 기다린다. 처음 보는 나에게도 공손하게 인사를 한다. 묻는 말에도 또박또박 대답한다. 유치원생은 어리기 때문에 버스로 통학하지만 초등학교 학생들은 도보로 통학한단다. 나는 짝지어 등교하는 두 어린이의 뒤를 따라 학교를 찾아갔다. 6학년 13명, 5학년 14명, 4학년 12명, 3학년 11명, 2학년 10명, 1학년 4명이 이 학교 학생의 전부란다. 학교가 가까워졌는지 피아노 소리가 들린다. 고요한 시골 공기를 뚫고 퍼져 나오는 피아노소리가 이채롭다. 학교에 당도하니 말끔히 손질한 담장과 교문이 학생을 기다리고, 교무실 앞마당에는 승용차가 4~5대 서 있다. 정원수도 잘 정리되어 있다. 넓은 운동장 가장자리의 아름드리 나무는 학교의 오랜 역사를 대변하고, 넓은 운동장은 왕년에 큰 학교였음을 입증해주기도 한다. 교무실 안에는 교직원 몇몇이 둘러 앉아 무언가 하고 있다. 교육에 관심이 많은 나그네로서 들어가 노고를 치하하고 정담 몇 마디를 나누고 싶기도 했지만 오히려 업무 방해가 될까봐 그대로 교문 밖으로 나왔다.

학교 앞에는 문구점, 학원, 청년회관, 마을회관이 있고, 그곳에서 조금 벗어나서는 보건소, 민박집, 식당, 노래방의 간판이 즐비하다. 이런 시설의 이용자나 수요자라야 학생 60~70명일 텐데 이농으로 인한 적은 인구에 비하여 심한 공급과잉 현상 같다. 관광객이 채워줄 것이라지만 현재로선 수요와 공급의 불균형이 심해 보였다. 썰렁한 골목길 초입의 우물가에서 노파 한 사람이 빨래를 하고 있다. 도시에 사는 자식 집에 잠시 살다가 귀향했단다. 사는 것이 어떠냐 했더니 도시보다 이곳이 좋은 점이 더 많다고 사투리를 애써 줄이면서 말한다. 이 밖에 만나는 사람은 거의가 할머니들이다. 흑갈색의 얼굴에 주름이 많고 구부러진 몸매들이다. 이곳 지리산 부근은 한국전쟁의 피해가 극심했던 곳으로 전쟁 미망인이 많은 탓인지도 모르겠다.

기념품 가게에 들렀다. 상표를 달리한 산수유주가 골고루 진열되어 있다. 무뚝뚝한 가게 주인에게 말을 건넸다. "이렇게 한산해서야 영업이 되겠습니까?" "네, 이즈음은 적자입니다. 그러나 곧 겨울방학이 되니까 학생 단체나 학생과 함께한 가족이 모여들 것입니다." "그렇게 되면 좋겠네요." "그리고 이곳에서 저 지리산 정상까지 케이블카 설치가 계획되고 있다니까 그때가 되면…….” 그의 표정에서 희망과 기대치가 얼마나 삶의 힘을 더해주고 있는가를 엿볼 수 있었다.

‘종래의 산수유 산업과 새로운 관광 산업이 충돌 없이 상생을 하면 좋겠구나. 농경을 주업으로 했던 지방 향토인과 밀려오는 외지인이 공존 공생하면 좋겠구나. 희망을 가지고 기다리는 이곳 사람들에게 그 시기가 앞당겨 올 수는 없을까?’ 하고 생각했다. 아무튼 이 지역은 도농합작의 멋있는 소도시가 형성될 만한 좋은 곳으로 여겨졌다.

우리는 드물게 지나가는 버스에 몸을 싣고 남원으로 향하였다. 뒤 차창에 그림처럼 보이는 백두대간의 끝자락 지리산이 이 지방의 발전에 믿음을 주듯이 내려다보고 있다.

2-10

자랑스러운 옛 고장

나는 내가 살던 옛 고장을 여행할 기회가 있을 때마다 자랑 삼아 또는 고향 문화를 알리기 위해 안내역을 자진해서 맡곤 한다. 1989년 일부 서울 시내 교장들로 구성된 교육·문화시찰단의 일원이 되었을 때도 나는 안내역을 자처했다.

서울에서 중부고속도로로 달리다 보면 충북 북단에 자리 잡고 있으면서 평화가 가득한 진천鎭川에 다다른다.

진천하면 떠오르는 말이 있으니 그것은 "살아서 진천 죽어서 용인"이란 말이다. 중국 사람들은 '항주에서 태어나 광동에서 살다가 소주에서 죽기를 바란다'는데 그 까닭인즉 항주는 경치가 좋고, 광동은 먹을 것이 풍부하며, 소주에는 나무가 많아 묻힐 관을 만들기가 용이해서 그랬다는 것이다. 그런데 진천은 무엇 때문에 살기가 좋은 곳이라고 하였을까?

이곳 사람들이 들려주는 석연치 않은 이야기들이 있긴 하지만 나름대로 추측컨대 지형적으로 보아 아늑하고 평화로우며 경제적으로 보아도 곡창지대라 풍요롭고 인심이 좋아 그리 일러온 것이 아닌가 싶다.

이 고장의 또 하나 자랑은 길상사吉祥祠가 자리 잡은 유서 깊은 곳이란 점이다. 길상사는 신라 통일의 공신이었던 김유신 장군의 위패가 봉안되어 있는 사찰이다. 김유신이 그 근처에서 태어났기 때문에 진천 여러 곳에는 길상사 외에도 김유신과 관련 있는 유적과 유물이 여러 군데 있다.

그가 태어난 뒤 태胎를 묻었다는 '태령산', 심신을 닦았다는 '장수굴', 그의 덕을 기려 세웠다는 '송덕불상'이 그것이다.

길상사는 충청북도의 지정 문화재로서 지정되기 전에는 관리 상태가 좋지 못했으나 이제 김유신 장군의 유적과 유품을 잘 정리하여 관리함은 물론 그의 정신을 길이 기리고자 이 언저리를 성역화할 계획이라고 한다.

가파른 돌계단을 올라가면 위패와 영정을 모셔놓은 고풍스런 건물이 담에 둘러싸여 있고, 이곳에서 북쪽을 바라다보면 진천 들판이 시원스레 펼쳐져 보인다.

잠시 시원한 우물물로 땀을 식힌 후 차에 올랐다. 여기에서

서쪽으로 30~40분간 낮은 구릉길을 이리 구불 저리 구불 넘어 가면 충남 병천에 이른다.

이곳은 일제의 핍박을 무릅쓰고 유관순 열사와 많은 사람들이 소리 높여 3·1 독립만세운동을 펼쳤던 '아우내 장터'가 있다. 일행은 먼저 유관순 열사의 생가가 있었던 마을부터 찾았다. 유 열사의 집은 불에 타 없어지고 집터만이 덩그렇게 남아 잔디로 뒤덮여 있어, 빈터에 자리 잡은 기념비만이 나그네의 눈길을 끈다.

시골노인의 말을 들으니 한국의 잔다르크라고 할 수 있는 유관순 열사가 옥사한 이후 이 집안사람들은 일경의 감시와 핍박으로 살아남기가 힘들었다고 한다. 단지 오빠 한 분이 누이의 후광을 입어 해방 후에 국회의원에 입후보한 일이 있었다는 것이다.

이 고장 사람들에게 근대화의 싹을 틔워주었던 자그마한 교회를 뒤로 하고, 우리는 봉화대가 있었던 매봉산 기슭의 유관순 열사 기념관에 도착했다. 이윽고 영전에 분향하고 유 열사의 단아하고 야무진 모습과 그 우국충정을 그리며 묵상에 잠겼다. 피어보지도 못한 채 열여섯의 어린 나이로 무자비한 일경의 고문에 무참히 스러져간 꽃봉오리. 70여 년이 지난 지금 상상해도 몸서리쳐진다.

우리는 차분히 당시의 일을 더듬어 생각해보고 이곳 장터 음식점에서 구수한 된장찌개로 점심을 먹었다. 천지를 진동하던 독립만세의 함성과 초목도 치를 떨었을 일경의 군화소리가 뒤덮였던 장터의 하늘은 과거를 잊은 듯이 조용하고 평화롭기만 하다.

다시 서쪽으로 독립만세 기념비가 서 있는 동산을 지나 2~3킬로미터쯤 가면 길가에 '박문수 묘소 입구'라는 팻말이 보인다. 조선 영조 때의 유명한 암행어사 박문수의 묘소가 있는 곳이다.

팻말이 선 곳에서 좁은 길로 꺾어 들어서면 어사 박문수의 후손이 살고 있는 낡은 기와집이 있다. 이 집에 사는 사람의 안내를 받아 잡목으로 우거진 은석산 오솔길을 찾아 풋풋한 숲의 싱그러움을 맛보며 계곡을 따라 올라가니 고색古色이 창연한 작은 절이 있고, 그 절 뒤에 무덤이 있었다. 여기가 바로 어사 박문수의 묘소이다. 총명하고 위세 당당했던 박 어사의 업적과 명성에 비하면 무덤이 너무나 초라했다. 후손이 살고 있는데도 관리가 너무 소홀한 데 실망하였다.

풍수지리에도 일가견을 가졌다는 박 어사 자신이 미리 정해놓았다는 묏자리답게 앞이 탁 트여 좋은 자리라고 느껴졌다. 그런데 어찌하여 후손들이 이다지도 빛을 잃고 있으며 묘소

관리가 이렇게도 허술할까? 풍수지리에 대해 일말의 회의도 가져보고 홍망성쇠의 덧없음을 느껴본다.

시간 관계로 발걸음을 서둘러 하산하니 모두가 피곤해하면서도 거쳐 온 곳에 대해 나름대로 어떤 의미를 부여하는 것 같았다. 버스는 잘 포장된 시골길을 거침없이 달려 목천 독립기념관 앞을 지났다. 흑성산 기슭에 장엄하게 자리 잡은 독립기념관! 우리 일행은 독립기념관 관람은 다음으로 미루고 그대로 스쳐 지나가 천안 삼거리에 당도했다. 민요 〈천안 삼거리〉가 귓가에 들려오는 것 같았다.

천안 삼거리 홍
능수나 버들아 홍
제 멋에 겨워서 홍
축 늘어졌구나 홍

천안天安은 예부터 영남과 호남으로 갈라지는 삼거리로 유서 깊은 곳이다. 이 고장에 전해 내려오는 민요가락에 능수버들이 들어 있고, 오늘날에도 이 지방에는 능수버드나무가 무성한데 다음과 같은 버들의 모수母樹에 얽힌 전설이 있다.

조선 때 북변에서 오랑캐가 준동하자 이곳의 장정들이 징집되어 떠나야 했다. 한 장정이 일찍이 상처喪妻하여 능소라는 어린 딸 하나를 데리고 살았는데 그도 예외 없이 징집되어 떠나야 했다. 그는 능소를 이곳 삼거리 주막에 맡기고 떠나야 했고, 떠날 때 주막집 옆에 징표로서 버들가지를 하나 꺾어 심고 능소와 작별했다. 세월이 흘렀으나 징집된 아버지는 끝내 돌아오지 않았다. 능소는 그 사이 성장하여 아리따운 처녀가 되었다.

그 무렵 한양으로 과거 보러 가던 '박현수'라는 사람이 주막에 들렀다가 아리따운 능소의 자태에 마음이 끌려 마침내 서로 사랑하는 사이가 되었다. 얼마 후 박현수는 능소와 헤어져 과거를 보러 떠나야만 했다. 박현수와 작별할 때 능소는 아버지가 자기를 주막에 맡기고 떠나며 심은 버드나무에 대해 그 사연을 이야기했다. 박현수는 이 나무를 능소의 이름을 빌어 '능소버들'이라고 이름 짓고, 이 나무가 시들어 죽지 않는 한 우리 사랑도 변치 말자고 사랑의 약속을 굳게 하였다.

그러나 사랑하던 박현수는 한양으로 떠난 후 소식이 끊겼다. 아버지도 낭군도 한 번 자기 곁을 떠난 뒤에는 다시 찾아 주지 않는 것을 슬퍼하고 있던 중 삼남 지방에

> 가뭄이 심해 이 버드나무도 말라 시들게 되자, 능소는 자기의 운명이 다한 것으로 생각하고 마침내 능소버들에 목을 매어 죽고 말았다.
> 그 뒤 박현수는 과거에 급제하여 어사가 되어서 늦게나마 이곳에 이르렀는데, 능소가 자신의 삶을 비관하여 자살한 것을 전해 듣고 심히 애통해하며 이 고장에 능소버들을 많이 심게 하였다고 한다.

그 능소버들이 오늘의 능수버들로 변하였음을 짐작할 수 있다. 또한 능수버들은 충절의 상징을 갖게 되어, 이곳 사람들의 성격과도 어떤 연관이 있는 것처럼 여겨진다.

축 늘어진 능수버들 가지는 아름다운 처녀의 머리카락같이 윤이 나고 부드러워 보이기도 하고, 나약하고 우유부단하게 보이기도 한다. 조그마한 바람에도 흔들리고 바람 부는 대로 쉽게 흔들리기 때문이다. 그러나 바람에 가지가 부러지는 일이 없고, 흔들리긴 하지만 중심을 벗어난 곳에서 머무는 일없이 언젠가는 제자리로 돌아와 중심을 잡는다.

능수버들의 이러한 모습은 겉으로 보기엔 유순하고 줏대가 없고 어리석게까지 보이지만, 모진 세파나 국난에 쉽게 굴하거나 변절하지 않고 중심을 지키는 기질이 있어 예부터 충절의 고장으로 알려진 이 고장 사람들의 성향과 흡사하다는 생각을 갖게 한다. 이 나무가 이곳 사람들을 닮았는지, 이곳 사람들이 이 능수버들을 닮았는지 신기함까지 느낄 정도다.

이 고장을 중심으로 그 인근이 충절의 고장으로 불리게 된 역사적 인물을 열거하면 아래와 같다.

신라 통일에 공을 세운 김유신 장군을 위시해서, 근세에 이르러 세조 때의 명신 한명회, 세종 때의 명장 김응조, 인조 때의 반정공신 이시백, 선조 임진왜란 때의 충무공 이순신과 김시민 등의 충절 공신들이 있었으며, 이 맥이 일제 시대에 이어져 3·1운동 때 옥사한 병천의 유관순 열사, 임시정부 주석을 지낸 목천의 이동령 선생, 왜군과의 청산리 전투로 유명한 목천의 이범석 장군, 예산 출신의 윤봉길 의사, 홍성 출신의 김좌진 장군과 승려시인이자 3·1 독립선언서 민족대표 33인 중 한 분인 한용운 스님, 청양 출신의 최익현 등 충효 공신과 국난극복의 애국자들이 많다.

또한 동국여지승람에도 기록되어 있다는 목천의 육축성六畜姓에 대한 이야기가 흥미롭다.

고려 태조가 천안 지방(목천, 직산, 광덕)을 점령했을 당시 유독 목천현 백성들만이 항복을 거부하여 고전했으며, 급기야는 이들을 강압적인 방법으로 생포하여 우牛 씨, 마馬 씨, 돈

豚 씨, 장獐 씨 등 짐승의 성을 내려 벌하였기 때문에 이곳이 6축성의 기원지가 되었다고 한다.[3]

이 지방이 이곳 사람들의 일반적인 기질과 전통적인 충효심으로 국난극복을 위해 목숨을 바친 분을 많이 배출했기 때문에 이곳 목천에 독립기념관을 건립하여 국난극복의 산 교육장으로 삼는 것은 결코 우연이 아님을 알 수 있다.

옛 정취를 되살리려고 애쓴 흔적이 완연한 천안삼거리 주막집에 들러 조롱바가지에 막걸리를 기울이며 옛 나그네의 낭만을 즐기다 우리 일행은 다시 자리를 옮겼다. 천안 삼거리에서 천안 시내의 남쪽을 끼고 온양으로 향하니 "천안이 평안하면 천하가 태평하다."라고 전해오는 말의 역사적인 뜻과 함께 천안시 북쪽 태조산의 원각사에 건립한 거대한 좌불상 '남북통일 석원대불析願大佛'이 주는 의미가 남북통일에 대한 우리들의 염원을 한층 더해주는 것이었다.

잘 닦여진 길은 우리들을 잠깐 사이에 온양에 갈 수 있도록 했다. 차내에서 온양 우측 산기슭에 자리 잡은 현충사를 멀리 바라보며 충무공 이순신의 국난 극복의 공적과 충효심을 기리면서 삽교 충렬사까지 쉬지 않고 달렸다. 온양온천, 도고온

3 6축이란 집에서 기르는 여섯 가지 가축으로 오늘날은 보통 소, 말, 양, 닭, 돼지, 개를 말한다.

천, 덕산온천으로 이어지는 온천지대를 지나니 마치 뜨거운 온돌 위를 걷는 것처럼 발바닥이 더워지는 것 같더니, 충렬사를 둘러보는 가운데 윤봉길 의사의 영정을 대하니 가슴마저 열기에 휩싸인 느낌이었다. 그 시절, 그 젊은 나이에 이곳 후진에게 계몽 사업을 벌인 업적이며, 상하이까지 건너가 일제의 원흉들에게 폭탄세례를 가한 그 용기! 그 애국심! 그 희생정신에 새삼 머리가 숙여졌다.

해방될 때까지 그대로 있었던 그의 생가는 이미 없어지고, 그 자리엔 복원된 초가집이 덩그러니 있다. 경내엔 나무만이 옛 주인을 잃은 것을 슬퍼하듯 쓸쓸히 자라고 있었다.

덕산온천 호텔에서 일박한 일행은 싱그러운 농촌 아침공기와 신선한 산채밥으로 가슴과 배를 불리고 6킬로미터 떨어진 비구니 도량, 수덕사를 찾으니, 산뜻한 아침햇살이 사찰 경내를 내려쬔다. 만공스님을 기리는 만공탑을 거쳐 비구니 여승들의 수도소를 찾았다.

여기서 수도하고 있는 여승, 비구니들은 전국에 있는 사찰에서 뽑혀 온 여승들로서 수도기간은 10년으로 초심初心, 발심發心, 자경自敬의 세 단계를 거친다고 한다. 이 기간 동안 완전한 비구니가 되기 위해 아주 엄격한 규율 속에서 지낸다고 한다. 문 여닫을 때는 두 손으로 살며시 여닫으며, 실내에선 언제나 발꿈치를 살짝 들고 다녀야 하고, 식사 땐 음식 씹는 소리를 내지 않는 등 여러 가지 어려운 규율을 지키는 고행의 수도생활을 잘 견뎌내야 비로소 비구니가 된다고 한다.

약속된 시간에 맞춰 하산하니 등에 땀이 촉촉하다. 일행 모두가 한결 건강해 보였다. 수덕사에서 신례원을 거쳐 추사 김정희 선생 고가古家로 가는 길에 이런 것을 생각해보았다.

이 고장은 덕德과 예禮로 뭉쳐진 양반의 고장임에 틀림없다. 지명에 나타난 것을 보아도 광덕廣德, 덕산德山, 수덕사修德寺, 합덕合德, 대덕大德, 회덕懷德, 군덕리郡德里 등 덕德 자가 들어 있는 곳이 많으며, 예禮 자가 들어 있는 곳으로는 예산禮山, 신예원新禮院, 예당禮堂 저수지 등이 있다. 덕과 예로써 인격이 갖추어진 양반들이 많이 살았고, 또 이것을 도덕률로 강조했음을 엿볼 수 있었다.

또 한 가지는 느린 말씨와 동작이다. 양반은 경망하지 않고, 의젓함을 보여준다. 사려 깊게 말하고 신중히 행동을 한 버릇에서 말씨가 느리고, 또한 동작이 느리게 된 것이 아닐까. 생각과 판단방식 또한 "글쎄올시다", "그건 그려" 등의 이 지방 말씨가 보여주듯이, 흑백논리보다는 다차원적이고 신중하며 유연함을 갖고 있다 하겠다. 혹자는 이것을 '되는 것도 없고 안 되는 것도 없다는 식의 생각방식이다', '술에 물 탄 듯 물에

술 탄 듯 하는 기질이다' 등의 부정적 평을 하지만 양반의 선비적 기질로 볼 수 있을 것 같다.

또 여기서 양반집 규수의 장점과 그 영향을 입은 이 지방 여성들의 특색을 들지 않을 수 없다. 참고 견디며 욕심이 없는 가운데 부모 잘 모시고, 지아비 잘 섬기는 미덕을 비교적 많이 가지고 있다는 점이다. 물론 다 그런 미덕을 갖추었다는 것은 아니다. 또 오늘날 산업사회에서도 가장 적합한 미덕이 될 수 있는가는 별개의 문제로 하고 일반적으로 일컬어 내려오는 현모양처의 전형은 아닐지.

이윽고 신례원에서 왼쪽으로 꺾어 들어가 추사 김정희 선생의 고택古宅을 찾았다. 옛 양반네가 여유 있게 지어 살았던 기와집, 아담한 고가에서 방안과 마루에 전시된 추사 선생의 서예 작품을 감상도 하고 그 분의 생애와 생활 모습을 상상해보면서 관리사무실을 찾아가니, 여성 관리직원이 친절히 맞아준다.

여기서 유명한 추사 선생의 글씨를 탁본한 것을 한두 점씩 사가지고, 다시 합덕 못미처에 있는 고故 김대건 신부의 출생지 솔뫼乶墓를 찾았다. 소나무가 유난스럽게 많아 마을 이름이 '솔뫼'라고 붙여졌다 한다. 어린 나이에 마카오까지 다녀온 천주교의 선구자, 한국에 천주교의 씨를 뿌리다 순교하신 김대건 신부의 고향은 이제 꽤 큰 규모로 성역화 작업이 진행되고 있었다. 동상, 기념관, 정자, 연못 등이다.

김대건 신부의 묘를 뒤로 하고 일행은 다시 버스에 올라 합덕과 삽교천을 뒤로 하고 아산만 방조제를 거침없이 건너 유람선 선착장에서 하차하였다. 이곳에서 그동안의 바쁜 여정이 가져온 피로를 풀 겸 아산만 담수호를 유람선을 빌어 타고 한 바퀴 휘도는 여유도 즐겼다. 팔각정에서 회 한 접시를 놓고 담소를 하니 서해의 아름다운 낙조가 나그네의 가슴을 곱게 물들여주었다. 당나라 시대와 어떤 관련이 있음직한 당진, 청일전쟁 당시 청나라 군대가 상륙한 바 있는 아산만, 역사적으로 무역이나 군사 면에서 요충지였던 이곳은 오늘날 아산만 대공단 건설의 소리로 활기를 더해가고 있다.

다시 북상하여 발안 제암리 교회를 찾았을 때엔 어둠이 서서히 내리고 있었다. 제암리는 3·1운동 당시 항거하는 동네 사람들을 교회에 가두고 불을 질러 처참하게 학살한 곳이다. 무덤과 기념관을 보고 3·1운동 당시의 민족적 울분을 되새기며 일제 탄압에 대한 분노를 터뜨리지 않을 수 없었다.

어둠이 짙어가는 귀경길에서 1박 2일의 빠듯한 일정 속에 찾아본 고향과 그 언저리를 되새기며 상념에 잠기니, 이곳들이 나라를 되찾고 지켜내며 이끌어간 중심지라는 생각을 하게 되었다. 버스 차창에 다가왔다가 사라지는 불빛처럼, 역사는 명멸明滅하는 것이리라. 이제 우리를 반겨주는 서울의 불빛처럼 우리나라도 역사의 번성기에 접어들기를 기원하며 아쉬운 작별을 고했다.

2-11

베이징 제35중학교를 찾아서

우리 한·중 교육연수단教育研修團 일행을 초청해준 베이징 제35중학을 방문한 것은 1989년 1월 18일이었다.

베이징의 크게 구획된 장방형長方形의 순환도로를 벗어나 말끔하지 못한 낡은 도로를 이리저리 지나서 목적지인 베이징 제35중학교에 이르렀다.

교내에 들어서자 고색이 짙은 교사가 인상 깊게 우리를 맞았고, 좁은 운동장 맞은편의 현관에서는 우리의 방문을 미리 연락 받은 이 학교 교장과 교도주임 등이 우리를 기다리고 있었다.

맨 처음 교장실로 안내되어, 학교 연혁과 현황 및 교육 현실에 관해 교장으로부터 비교적 상세한 설명을 들었다. 이 나라고유의 차 맛 때문인지 교장의 음성이 유난히 부드럽고 차분하다고 느꼈다.

우리 일행에 대한 환영인사에 이어 학교 소개로 들어갔다. 이 학교는 설립한 지 65주년이 되었고, 1949년 이전에는 지성중학, 그 후로 신생중학, 1952년부터는 제35중학이라 개칭하여 불리고 있다는 것이다.

이 나라의 기간학제基幹學制는 '1(유치원)→6(소학)→3(초급중학)→3(고급중학)→4(대학)'으로, 이 학교는 초급중학과 고급중학이 합해져 있는 학교로서 초급중학이 12학급, 고급중학이 14학급으로 편성돼 있었다. 학생 총수는 1243명(학급당 45~50명), 교직원 수는 165명으로 구성되었고, 교과목은 정치, 국어, 수학, 외국어, 논리학, 과학, 역사, 지리, 생리위생, 체육, 미술 등 14개의 국가가 정한 필수과목과 전자계산, 기계 등의 선택과목을 운영하고 있는데, 이것을 통해 지식교육, 도덕교육, 운동교육, 미술교육, 노동교육을 함으로써 전인교육全人教育을 강화하며 사상교육, 애국교육, 국제주의교육을 지향한다고 한다.

교육방침으로는 교육의 질과 양을 높이기 위하여 노력하되, 선생의 교수教授 방면과 학생의 학습學習 방면이 균형 있게 이루어지도록 힘쓰고 있다고 하였다.

교수 방면에 있어서는 교안을 철저히 쓰고 교수방법을 과학화하며, 학습 방면에 있어서는 무엇보다 배우는 학생이 학습의욕을 가지고 열성을 다해야만 학습효과를 높일 수 있다는 점을 중시하여 학습의욕 고취에 힘쓰고 있다고 하였다.

이런 맥락에서 이 학교는 '삼선三先, 삼후三後, 일종결一終結'이라는 교수-학습 과정을 밟는다고 하였다. 즉 '예습을 먼저하고 강의를 후에 받는다, 머리를 먼저 쓰고 손을 후에 쓴다, 복습을 먼저하고 숙제를 후에 한다'는 삼선삼후三先三後와 마지막 단계로 이를 종합하여 종결을 짓는 일종결一終結의 과정을 말하는 것으로, 이 학습과정을 전교생에게 뿌리내리도록 하는 데 선생님들이 무엇보다 노력을 경주하고 있다는 것이다.

특히 따라오지 않는 아이를 따라오게 하는 근기根氣가 뒤따라야겠기에, 이것을 극복하는 동안 학생들의 학력이 증진되어 이러한 학습방법은 계속 발전시켜 나갈 만한 것으로 판단된다고 했다.

또한 고급중학 진학을 위한 국가고시에 많은 합격자를 냈고, 고급중학생이 대학에 90퍼센트 진학하는 좋은 입시성적을 올렸을 뿐 아니라 시내 농구경기에서 우승을 하고, 미술전시회나 음악공연에서 좋은 성적을 낸 바 있어 체육과 미술에서도 타교를 능가하고 있다고 자랑한다.

그런데 이곳의 대학입시 경쟁은, 지방대학의 경우는 수월한 편이나 중앙의 국립대학 입학이 무척 힘들어 필기시험이 주이며, 이 나라 대학생은 시험입학자와 특별입학자가 있다고 하였다.

노동교육으로서 1958년도부터 교통전기창(자동차, 부속품, 신호등, 경종 제작)이 교내에 부설되어 생산과 더불어 노동교육을 하고 있는데, 초급중학과 고급중학 1학년생이 연간 3주의 교육을 받는다고 하였다. 이상의 이 학교 운영 상황을 유인물도 없이 통역자가 한 말을 내 나름대로 정리해본 것인데, 유인물을 주지 않아 못 받아온 것이 지금도 아쉬울 뿐이다.

이 나라의 유인물은 거의 난해한 한자로만 되어 있다. 한자가 어렵고 글자 수가 너무 많기 때문에 해독이 어려워, 쉽게 못 만들어졌는지 모를 일이다.

거리의 간판이나 신문을 보니 문자개혁의 절박성 때문인지 약자略字 또는 반자半字를 보급하고 있는 것 같았으나 문제해결에는 크게 못 미치고 있는 듯했다. 약자 또는 반자는 300자가 있다 한다(합성문자까지 치면 이보다 훨씬 많아진다). 여기서 나는 과학적이고 민족적인 소리글자 한글을 가지고 있다는 한민족의 긍지를 다시 한 번 느꼈다.

다음에는 질문·응답시간이 있었는데, 그 내용을 간추려보면 다음과 같다.

첫 번째 '학교 재정은 어떻게 충당되며, 만족할만한가?'라는 물음에 한마디로 교육이나 학교가 요구하는 데 비해 투자가 크게 못 미치고 있으며, 정부의 투자와 학교 자체가 충당하는 재정(사회기관에서의 보조, 학교에서 운영하는 공장 수입)으로 운영되고 있다고 한다.

두 번째 질문은 '교원들의 보수 수준'에 대한 것이었는데, 1977년에 있었던 임금개혁 시에 뒤졌던 교원임금이 몇 단계 증액되어 약간은 해결되었으나, 2년 전부터는 개인경제가 싹트는 사회 변화 속에서 부업을 갖기 어려운 교원들은 자연히 상대적 빈곤감을 갖고 있는 형편이라 했다.

세 번째 질문은 '교원의 정년'에 대한 것이었는데, 교사·교장인 여성은 55세, 남성은 60세라고 한다. 여성의 경우 가정생활과 여성의 특성 등으로 남성보다 정년이 빠르다고 하였다.

네 번째로 '교장이 되는 기준과 임명요건'에 대한 질문의 답변을 들었다. 처음부터 점잖고 의젓해 보였던 둥冬 교장은 보기보다는 젊은 45세의 나이로서, 자신은 비교적 빨리 교장이 된 편이며 베이징 사범대학 교육학과를 졸업했다고 한다.

교장이 되는 요건으로 일정한 교육경력, 교육연수, 업무능력, 자격증을 갖춘 자 중 상부기관에서 여론을 참작하여 선발, 임용한다고 한다.

나중에 둥 교장이 한국에서의 교사근무 평정기준을 묻기에 답변해주었는데, 이곳 역시 교사근무 평정문제에 적지 않은 애로점이 있는 눈치였다.

이 외에도 둥 교장은 고등학교에서 가르치는 특이한 과목인 '인구학人口學'에 대하여 학문적 구조 등을 설명해주었는데, 너무 광범위하고 난해한 부분이 있어 확실한 개념 파악이 어려웠다.

교장 옆에는 시종 여자 교도주임이 배석했다. 이는 우리나라의 교감 격이라고 보아지며, 그 기능이 관리적 측면보다 교육과정 운영 전문가, 생활지도 전문가로서 그 권위를 유지하고 있는 듯했다.

끝으로 교내를 순시하며 시설물 현장을 안내하였다. 물리실, 생물실, 어학실 등을 둘러보았는데, 방마다 초라하다고 느꼈고, 특히 컴퓨터실에는 컴퓨터가 5대밖에 없는데 놀랐다. 안내 선생에게 한국은 초등학교에도 40~50대를 비치한 '컴퓨터 교실'을 갖고 있는 학교가 상당수 있다는 것을 알려주자 놀라움과 부러움의 표정을 지었다.

교실 정면에는 사진이 걸려 있었고, 특별실에는 그 교실과 관련된 분야에 공헌도가 높은 학자의 사진이, 그리고 여느 일반교실에는 쑨원 선생의 사진이 걸려 있었다.

실외의 게시판에는 '尊師 尊校(존사 존교)'라는 표어가 크게 게시되어 있어 눈길을 끌었다. 스승을 존경해온 중국 전통을 살리자는 뜻으로도 해석될 수 있지만, 역으로 오늘날 이 나라 학생들도 스승 존경과 학교 사랑하는 마음이 희박해져가고 있거나 결여되어 있어, 스승 존경의식을 고취시키는 의미로 해석되기도 하였다. 그도 그럴 것이 안내원의 말을 들으니, 이곳 청소년 사회에도 많은 가치관의 변화로 전통을 따르는 풍토는 이미 사라져가고 있는 실정이라고 했다.

이윽고 우리 일행은 여정에 쫓겨 이 학교를 훌훌 떠날 수밖에 없었다.

우리들은 비록 국적이 다르고, 체제와 이념이 다른 두 나라의 교원들이지만, 마치 오래 전부터 친교가 있었던 사이처럼 헤어짐을 아쉬워했다. 여자 교도주임은 우리 일행 중의 여자 단원 손을 꼭 잡은 채 한참을 걸어 나오고 있었다. 이 정경은 같은 동양인, 같은 여성이라는 점 외에 같은 길을 걷는 교직자라는 끈끈한 동질감이 있음을 알 수 있었다.

2-12

가까움이 더해져오는 나라

인도권 강좌여행을 떠나기 수일 전에 역사탐방 동호인 몇몇이 지리산 칠불사에 간 적이 있다. 삼홍三紅(단풍 들어 산과 계곡물, 사람의 마음이 붉게 물들여짐)을 자랑하는 반야봉 기슭의 칠불사에 이르니, 큰 사적비가 가는 발길을 멈추게 했다. 대가야국의 김수로왕이 인도에 있는 아유타국의 공주 허황옥을 비로 삼고 슬하에 10남 2녀를 두었는데, 그중 일곱 아들이 이곳에 와서 수도하고 성불했기 때문에 칠불사(칠불암)라 했다는 내용이 조각되어 있었다.

경내의 유적을 살피고 난 후 하산 길에 쌍계사에 들렀다. 이곳에서는 스리랑카에서 모셔온 진신사리가 9층탑에 봉안되어 있음을 알려주었다. 불교 남방 전래설은 이런 데서 나온 것

드디어 떠난 인도 여행.

이리라. 한편, 신라의 명승 해초가 당나라를 거쳐 인도에 가서 사대영탑 등 모든 성적을 순례하고 기록한 왕오천축국전이 전해져 있음은 널리 알려진 바다. 이런 사실들은 결국 예부터 양국 간의 문화 교류가 활발했음을 짐작케 한다.

근대에 와서도 인도의 시성 타고르가 〈동방의 등불〉이라는 시를 지어 한국의 독립운동을 크게 응원해주지 않았던가? 그리고 이 무렵 영국 식민지하에서 투옥되었던 네루 수상이 딸에게 '3·1 독립운동 등으로 일제 강점에 항거하는 코리아를 배워라'라는 내용의 편지를 써 보낸 일, 2차 대전 종전 후 UN

인도대표가 한국 독립정부 수립을 앞장서서 부추긴 일 등을 상기할 때, 이 나라와는 어떤 근연이 있음을 느끼게 한다.

1996년 11월 3일, 말로만 간다던 인도 여행은 마침내 현실로 이루어졌다. 비행기 사정으로 방콕을 경유하여 다음날 스리랑카 콜롬보에 닿았지만 하루에 갈 수 있는 일일권의 나라이다. 이곳에서 첫인상은 이곳 사람들의 눈매였다. 어딘지 순박하고 선량해 보이며 가깝게 눈 맞춤이 되는 것이 아닌가?

저녁 때 우리 일행을 찾아준 대한민국 대사관 관계자의 말에 의하면 이 나라 일상용어 가운데 한국말과 똑같은 말이 200여 개나 있다는 것이다. 친근함을 느끼게 한다. 우리는 UN자연유산 보존지구인 이 나라 숲속 길을 버스로 수 시간 달려가 담불라란 곳에 닿았다. 인공 석굴 속에 양각된 와불들이 몇 개의 방에 안치되어 있다. 5미터가 넘는 거상이다. 뛰어난 조형성과 뿌리 깊은 불교문화를 감지케 했다. 순간 규모는 다르나 한국의 운주사에서 본 와불을 연상시켜주었다. 오가는 길에 차창에 비치는 농촌, 소로 논을 갈고 모내기하는 모습이 우리 농촌의 그것과 너무나 비슷하여 동질감마저 느끼게 했다.

다음날 콜롬보에서 기수를 북쪽으로 둔 비행기로 약 3시간. 우리 일행은 인도의 북방 도시 뉴델리에 닿았다. 우리 국토의

네루대학의 크리슈난 교수와 함께.

14배, 9억 5천의 인구. 참으로 넓고 복잡한 나라이다. 빨간 사리를 걸친 여인의 빈디(이마에 칠한 점)가 돋보인다. 한국 새색시의 곤지와 유사하다고 할까? 무심코 "인도에는 아름다운 여인이 많은데"했더니 뒤따라오던 아내는 "잘생긴 남자가 더 많은 것 같은데요"라고 한다.

저녁에 네루대학에서 특강이 있었다. 한국 동국대학교에서 동양철학을 배운 바 있다는 크리슈난 교수는 유창한 한국말로 인도를 소개한다. 다음으로 네루대학에 교환교수로 와 있는 김 교수에 이어 김 교수의 부인이 풀어낸 인도 사람의 생활 이야기는 매우 흥미로웠다. 카스트 제도에 따라 엄격히 계층을 구별하는 결혼풍습, 자기 딸이 자기 계층보다 낮은 남자와 사귀었다 하여 아버지가 그 딸을 살해했다는 이야기, 심한 남존여비 사상과 혼수나 지참금 문제로 자살해야만 했던 한 여인의 슬픈 이야기 등이 나올 때마다 여기저기서 "그럴 수가……"하며 혀를 찬다. 그러나 옆에 앉은 동행인은 비록 시대는 다르지만 우리의 옛 모습과 본질적으로 다를 바가 없다는 반응이다.

길가에 한두 마리 혹은 마당에 몇 마리의 개가 누워 있다. 지나가는 사람을 전혀 개의치 않는다. 가난한 가로족은 거지와 병신들과 함께 아사 직전의 상황이다. 아내는 "불교에서 말하는 아귀나 축생이 따로 없네요" 한다. 나의 눈엔 한국전쟁 때의 참담했던 우리 사회 모습이 어른거렸다.

인도는 신의 나라라더니 신이 많기도 하다. 무려 3억 3천만이나 된다니 말이다. 한국의 토속 신, 무당, 굿마당, 칠성당에 그려진 민화 등이 떠오르기도 하지만 여긴 그 정도를 훨씬 뛰어넘는다. 종교에 있어서도 종교의 나라답게 다양하고 그 뿌리가 깊다. 곳곳에 있는 사원들, 뭇 신자들의 행렬. 분명 내세를 위하여 탄생한 종교의 화신들이다. '하늘은 하나, 종교는 하늘에 이르는 길이고 수단이다. 통합의 빛이 지구를 전부 감싸기를'이라는 이념 아래 모든 종교와 인종을 포용하는 듯 연꽃사원(바하이 예배원)은 통일과 통합을 염원하는 한국인의 정서에 근접해오는 듯했다.

인도의 옛 서울 아그라로 행했다. 아그라의 신전들은 놀랍다. 사랑의 상징인 타지마할을 비롯하여 회교사원들이 완전한 대칭 문화임을 보여준다. 비우상을 표방하면서도 벽과 천정에 그린 기하학적 무늬는 정교하고 아름답다. 나는 여기서도 한국의 벽지와 천정지의 무늬를 연상했다. 그야 물론 그 출처나 의미 뿐 아니라 예술성에 있어 대등한 비교를 할 바는 못되지만.

중국과 인도 두 대국 사이에 샌드위치가 되어 있는 네팔왕국의 수도인 카트만두에서 보낸 3일간. 몽골리아계 사람과 그의 문화가 섞여 있어 우리와는 더 가깝게 느껴졌고, 강대국에 접해 있는 지정학적 처지가 한국과 비슷하여 동정심이 가기도 했다.

이곳에서 세미나가 있었다. 스리랑카 및 인도에서와 마찬가지로 류달영 이사장께서 손수 써온 타고르 시 〈동방의 등불〉 휘호가 증정되었다. 근 1세기 전에 암흑 속의 등불처럼 우리

인도 여행 중 타지마할 궁전 앞에서.

겨레의 마음을 비추어주었던 이 나라 시성의 시가, 우리말 서예작품으로 옮겨져 오늘 이곳에 전달되는 극적인 순간이다. 나는 가슴이 뭉클하고 눈가가 촉촉해짐을 느꼈다. 감격적인 순간이었고 우정 어린 한때였다.

마지막 관광코스는 갠지스 강 바크마티 강가의 화장터였다. 강가에 네모진 화장대가 줄지어 있다. 모두가 노천이다. 화장할 채비를 하는 곳, 화장이 진행되는 곳, 끝내고 재를 강으로 쓸어내리는 곳. 화장한 재가 버려지는 강 아래 50미터 가량의 지점에서는 동네 여인이 머리를 감고 빨래를 하고 물을 길어

간다. 그 옆에서는 아이들이 물놀이를 한다. 타다 남은 장작과 함께 화장된 재는 계속 흘러 내려간다. 죽음을 목전에 둔 노인들이 그 근처에서 배회하거나 죽음을 기다리기도 한단다. 죽음을 추월한 표정들, 그들에게 있어 삶과 죽음은 근접해 있는 것일까? 아니 공존해 있다는 게 맞는 표현일지도 모른다. 일행은 시간에 쫓기면서도 한동안 자리를 뜰 줄 모른다. 누구나 죽음 앞에서는 심각하고 숙연해지는 모양이다.

인도를 떠나기 전날, 밤하늘에는 별들이 유난히 빛났다. 호텔 잔디밭에 앉아 있노라니 한국말을 곧잘 구사하는 젊은 호텔 종업원이 다가온다. 한국에서 2년간의 취업 경험이 있었다고 한다. 고향 사람 만난 듯 반가워한다. 노동 조건이 나아졌다는 소식을 듣고 한국에 다시 가고 싶다는 표정을 짓는다.

"어두운 곳에서라야 더 잘 보이는 것이 있다"는 류달영 이사장 말씀대로 나는 이곳에서 밤하늘의 별처럼 보이는 한국을 떠올렸다. 남들이 불가사의로 꼽는 한국의 경제 발전, 산림녹화, 높은 취학률, 신분계층의 붕괴, 남녀평등의 실현 등. 한참 쳐다보고 있으니 이곳 하늘과 한국 하늘은 분명 은하수로 이어져 있었다.

가난에 찌든 행색으로 항아리 이고 아이 손잡은 채 어디론지 맨발로 걸어가는 아낙네, 오랜 굶주림에 마른 대추와 같은 몰골로 명상하는 해질녘 거리의 노인…. 이들은 윤회의 과정에서 우리와 어떤 연이 있었던 것일까? 거리상으로 멀지만, 사람과 사람 사이는 매우 가까이 있다는 것을 느꼈다.

2-13

잉카문명을 찾아서

태평양을 건너는 지루한 비행시간은 옆자리에 앉은 60대 초반의 일본계 페루인과의 대화로 심심찮게 채워졌다. 상대는 제2차 세계대전 중 일어교육 금지조치로 일어를 통한 학교 교육을 받지 못한 탓인지, 일어가 서툴러 의사소통이 충분치는 못했지만 페루에 대한 사전지식을 어느 정도 전해들을 수 있어 유익했다.

그의 말에 의하면 우리가 착륙할 리마 공항은 상파울로, 리우데자네이루와 더불어 남미로 가는 입구이며 남미 제일의 현대식 공항이라는 것, 페루의 수도 리마 지방은 사계절 내내 거의 비가 오지 않으며, 5월에 '잉카의 눈물'이라는 극히 적은 양의 비가 올 뿐이라는 것과, 일교차가 심해 '전천후 복장'

을 준비해야 한다는 것 등을 말해주었다. 또한 백인 지배에 시달리고 소외된 사람이 많았다는 것, 국민 절반 이상이 문맹이라는 것, 물가는 인플레이션으로 7000%까지 상승한 해가 있었으나 일본계 새 대통령이 집권하고 나서는 35% 정도로 호전되었고, 교사의 초봉은 한 달에 100달러 정도, 은행원은 250달러 정도이며, 월수입 500달러 정도면 중산층에 속한다는 것 등 자잘한 정보를 알려주었다.

피차카막 유적의 흙집

우리 일행이 리마공항에 닿은 것은 0시 30분, 안내된 호텔에서 자는 둥 마는 둥 하다가 일어나, 눈을 비비며 6시에 조식을 마치고 바로 잉카문명의 첫 답사지 피차카막 유적지로 향하였다.

황갈색을 띤 바닷물이 출렁이는 해안을 벗어나 모래벌판을 달리던 버스는 피차카막 유적지에 당도했다. 눈부시게 빛나는 태평양이 환히 내려다보이는 높은 모래언덕 위에, 흙으로 해의 신전과 달의 신전이 세워져 있었다. 잉카 사람들이 모여 살던 흔적이 역력하다. 온통 흙담과 흙벽만 있을 뿐 지붕의 흔적은 없다. 아마도 비가 거의 내리지 않는 사막 지대이니, 당시 사람들은 바람과 외적을 막기 위하여 삶의 터전인 둘레를 흙으로 막고 하늘과 태양을 믿으며 낙천적으로 살았던 흔적이리라.

이곳과 리마 사이의 길가 동네에는 기둥 철근이 그대로 노출되어 있는 미완성의 집들이 많다. 우선 아래층만 지어 입주하고 난 다음 형편 닿는 대로 증축할 생각인 것 같다. 오가는 길에 건장한 남자 가이드가 말한다. “잉카Inca는 태양의 사람이라는 뜻입니다. 따라서 잉카인들의 건국신화와 조상설화 등은 모두 태양과 관련을 갖고 있고 태양신을 절대적으로 숭배했습니다. B.C. 1000년 이전부터 문화가 싹터 왔으나 잉카가 찬란한 왕국의 모습을 드러내기 시작한 것은, A.D. 1200년경이며 1533년 스페인 침략 전까지 약 300년 동안 황금시대를 이루었습니다. 오늘날 여러 사료와 고고학의 연구로 대규모 토목 건축공사와 뛰어난 예술, 그리고 복잡한 사회계층 구조와 풍습이 밝혀지고, 수학·천문학·의학의 발달과 종교 조직 및 활동 모습이 밝혀져, 세계 사람들을 놀라게 하고 있습니다” 하며 자못 어조를 높인다.

인체의 배꼽에 해당하는 쿠스코

우리는 이번 기행의 주요 목적지인 쿠스코로 향했다. 쿠스코란 배꼽이란 말로 중심을 의미한단다. 이곳은 해발 3560미터나 되는 고원에 있는 도시이며, A.D. 1200년경의 잉카제국 수도이다. 공항 출구를 나서니 긴 댕기머리에 신사용 중절모 같은 알팔파초 모자를 쓰고, 이곳 특유의 얼룩무늬 보자기를 두르고 멜빵을 멨으며, 키는 작지만 어깨가 떡 벌어지고 얼굴이 둥근 인디오들이 눈에 띈다.

엄지손가락 끝마디만 한 알이 촘촘히 박힌 옥수수 반 자루로 점심을 먹었다. 지역 사람들의 주식인 이 지방 전통 음식이란다. 점심을 즐기고, 유적지인 이반 요새, 제례장이었던 겐코와 탐보마차이, 산토도방고 성당을 답사하였다.

호흡 곤란을 일으키는 고원 도시임을 이미 알고는 왔지만, 시간이 갈수록 일행 중에 머리가 어지러워지고 다리가 후들후들해지는 사람들이 생겼다. 산소마스크를 착용하기도 하고 이 지방 특유의 예방제 풀을 코에 대기도 하며 야단들이다. 내 옆자리에 앉았던 여인은 외간 남자인 나의 옆구리에 엉덩이를 들이댄 채 쓰러져 눕는다. 몹시도 괴로운 모양이다.

잉카문명의 특색이 대규모의 토목과 건축의 거석문화巨石文化라더니 과연 괄목할 만하다. 그중에서도 요새의 석성과 돌벽의 견고하고 정교한 축석술築石術에 경탄한다. 수 미터 높이의 큰 돌을 운반해온 것도 놀랍거니와 돌과 돌 사이의 이음새가 완벽하다. 직각으로 꺾인 성벽 모퉁이를 하나의 돌로 처리했다. 그리고 이것이 1천여 년 후에도 일그러지지 않게 역학力學 처리한 것은 이 시대의 축석술과 건축술의 우수성을 말해주고 있다.

전성기의 잉카제국은 쿠스코로 연결된 모든 도로를 돌로 만들었고, 신전 하나를 짓는 데 하루 3만 명씩 80년 걸려 완성할 정도의 강대한 국력을 지녔다. 또 스페인 군대에게 인질로 잡혀간 왕을 구하려는 홍정용 황금이 궁전의 넓은 방에 사람 키만큼 가득 차 있었다니 그 부를 가히 짐작할 수 있다.

대학에서 관광학을 전공했다는 유능하고 진솔함이 풍기는 여자 가이드가 말한다. "잉카제국의 옛 수도 쿠스코는 세계사를 통하여 가장 심했던 침략의 역사를 가지고 있습니다. 온 백성이 신처럼 섬겼던 왕이 인질로 잡혀갔다가 나중에는 처참하게 처형당하는가 하면, 예부터 내려온 태양신 숭배의 신전이 마구 파괴당하고 그 자리에 교회가 세워지고 했으니 말입니다. 또한 혼혈의 나라로 불리고 있는 것도 폭력적인 침략의 한 증거지요. 그때 사람들은 쿠스코가 지구의 중심이자 성지이기 때문에 태양이 가장 빛나는 곳이고, 인체의 배꼽에 해당하는 도시라고 믿었습니다. 그리고 각기 다른 색깔과 길이의 끈으로 결승문자를 사용하였습니다. 경제생활의 기본은 농업, 수렵, 토기제작, 금속공예 및 가축 사육이었으며, 옥수수,

잉카문명을 찾아 떠난 페루 여행.

만디오까, 감자, 후추, 코카, 고추, 담배를 재배하였고 키니네도 생산하였답니다. 이것들은 후일 스페인 사람들에 의해 유럽에 전해졌습니다."

우리 일행은 고산지대의 호흡곤란 때문에 그렇게 열심히 해설하는 가이드의 말도 듣는 둥 마는 둥하고 이곳보다 해발 1000미터 정도 낮은 유카이 지방으로 서둘러 이동하여 하룻밤을 보냈다.

격류의 계곡과 기찻길

우루밤바를 버스로 떠나 오얀타이탐보 역에서 열차로 갈아타고, 마추픽추를 답사한 후 쿠스코로 돌아가는 것이 오늘의 여정이다. 기차는 아마존 강 상류의 한 지류를 따라 잉카의 고도古都 마추픽추를 향하여 달리기 시작했다. 강의 흐름이 어찌나 빠른지 마치 기차와 경주라도 하는 듯하였고, 바위에 부딪쳐 깨지고 합쳐지며 거세게 흐르는 강의 위세는 대단하였다. 한편 강가에 핀 샛노란 꽃 레다마들은 마치 노란 비단을 계속 깔아놓은 듯했고, 계곡 사이의 웃자란 숲은 푸름과 싱그러움을 마음껏 자랑한다.

관광객들은 저도 모르게 "야! 와우! 장관이다. 절경이다. 움직이는 시네마스코프다" 등등 감탄사와 함성의 연발이다. 산허리의 흰 구름도 이 절경에 도취되어 떠나지 못하는 듯싶었다. 헐떡거리는 기차는 때로 이마에 닿을 듯한 절벽 바위산을 지나면서 가슴을 조이게 한다. 멀리 원주민 인디오 가족들이 초라한 집 앞에 옹기종기 앉아 있는 모습이 보인다.

버스로 갈아타기 위하여 조그만 역에 내리니 잡상인들이 파리 떼처럼 모여든다. "오네짱! 오네짱!"을 연이어 외치며 길을 막는다. 일본인 그룹으로 오인해서인지, 그동안 일본인들이 주로 많이 다녀가서인지 모르겠다.

버스는 그야말로 심산유곡深山幽谷 속을 지나간다. 마지막에는 60도 가량의 비탈진 커브 길을 이리 구불 저리 구불 올라간다. 가끔 오싹한 전율마저 느끼게 하는 험한 산길이다. 버스가 금방 굴러 떨어질 것처럼 길은 가파르다. 이렇게 찾아 올라간 곳이 옛 성새도시城塞都市 마추픽추이다.

마추픽추의 불가사의

마추픽추는 해발 2300미터의 험한 바위산 위에 있고, 우루밤바 강줄기와 웅장하고 준엄한 산으로 둘러싸여 있는 비경 속에 자리한다. 16세기 초 스페인 군에 쫓긴 인디오들이 이곳에 와서 신전과 궁전을 새로이 짓고, 잉카 왕도를 재현했다. 네모난 돌이나 거대한 화강암으로 신전과 성벽을 쌓고 수로와 못을 만들었으며, 산비탈을 깎아 계단식 경작지를 만들었다. 이 밖의 유적으로는 궁전, 주거지, 왕녀의 목욕탕, 묘지, 제사장들의 거주지, 교수대, 해시계, 돌절구 등이 있다. 셋으로 된 계단과 세 개의 턱이 있는 돌기둥은 우리가 성스럽게 여기는 3의 숫자와 상통하여 흥미롭다. 좋은 신, 보통 신, 나쁜 신을 의미하기도 하고, 태양의 신, 바람의 신, 물의 신을 나타낸 것 같다고 가이드는 말한다. 높은 봉우리 위에 있는 돌 해시계에 손을 얹으면 복이 온다하여 관광객은 앞 다투어 손을 얹는다. 나도 그곳에서 내 나이 또래의 백인과 함께 돌에 손을 얹은 채 기념사진을 찍었다.

이곳은 약 340년 동안 알려지지 않았던 곳인데, 최근에 라틴아메리카 정복사를 연구하는 빙햄 교수에 의하여 발견되었다. 의문을 남긴 채 사라진 이곳 인디오들의 행방에 고개를 갸우뚱거리며 빙햄 교수는 '사라진 잉카의 도시'라고 명명했다는 것이다. 최근에 집단으로 매장된 172구의 유골이 발견되었고, 그중 75%가 여성이었다는 사실이 밝혀지자 이에 대한 여러 가지 의문과 추측이 일고 있다고 한다.

태양과 가까워지려는 집념에서일까, 외적을 피하고 방어하자는 수호 차원에서인가, 하필이면 왜 이렇게 높고 험한 돌산에 삶의 터전을 가꾸고, 신전을 세우고 성곽을 쌓아 거대한 도시를 건설하였을까? 어떻게 이 거석巨石을 예까지 날라왔으며, 이 놀랍고도 흥미로운 건축술과 미술은 어디서 배워왔을까? 철학과 기술은 태양의 신으로부터 배우고, 거석을 다루는 힘은 바람의 신으로부터 배웠으며, 일시에 사라진 잉카인의 피는 물의 신으로부터 배웠던 것인가. 순간 저 하염없이 흐르는 우루밤바 강물은 잉카인의 눈물처럼 보인다.

다시 열차로 2시간 정도 달려 숙소를 향할 때는, 이미 저녁 어둠이 깔릴 무렵이었다. 고지대에서 호흡 곤란으로 고생하던 몇몇 사람은 괴로운 표정이지만, 그래도 하루 사이에 어느 정도 적응이 된 듯해 보였다. 울며 겨자 먹기 식으로 쿠스코에서 하룻밤을 보내게 되었다.

새벽에 일찍 자리를 차고 일어나 산책 겸 거리 구경에 나섰다. 진행 중인 유적지 발굴 현장이 눈에 뜨이고, 길가에 전시한 잉카의 옛 그림을 재생한 대형 벽화가 인상적이다. 행인들과 거리 모습이 인디오 문화와 메스티조 혼혈 문화가 공존하고 있음을 실감나게 한다. 서둘러 공항으로 나가서 비행기에 탑승하는 일행의 모습은 마치 광산 막장을 다녀 나와 해방감을 만끽하는 사람처럼 환하고 즐거워 보인다.

리마

페루 수도 리마에 되돌아오니 처음 만났던 건장한 현지 남자 가이드가 마중을 나와 반긴다. 숨 쉴 사이도 없이 찾아간 곳은 유명한 '황금박물관'이다. 순금 허리띠와 금관 장식이 신라시대의 것과 너무 흡사하여 놀랐다. 세계적으로 넓은 광장에 속한다는 이르마스 광장, 토속 종교를 압도하는 산프란시스코 성당 등을 두루 살폈다. 쉬는 시간에 4분의 2 인디오를 자칭하는 우리 가이드는 외할머니가 인디오, 외할아버지는 스페니시, 친할머니가 인디오, 친할아버지는 니그로, 그러니까 자신

페루를 떠나 아즈테크 및 마야 문명의 맥시코로 향했다.

의 몸에는 4분의 2 인디오의 피가 흐르고 있는 셈이라고 태연하게 말한다. 혼혈의 나라임을 단적으로 느끼게 한다. 그리고 잉카는 원래 다부일처제多夫一妻制였고, 엄격한 신분사회였다는 것도 덧붙여 알려준다.

6일 간의 바쁜 잉카문명 답사를 마친 우리는 아쉬움을 페루에 남긴 채 아즈테크 및 마야 문명을 답사하기 위하여 멕시코로 향하였다. 빠듯한 일정에 많은 곳을 들르기 바빠서 한 곳 한 곳을 내 안에 담으려고 무던히도 노력한 여행이었다. 아주 멀리 떨어져 있는 인류 문명을 본다는 것은 항상 무한한 감동을 준다. 다음에 시간이 주어진다면 여유를 가지고 꼭 다시 가고 싶은 곳이다.

2-14

중국 밍사산

중국 간쑤성 둔황시로 여행을 갔다. 일정 중에 다음날 아침나절에 계획되었던 밍사산鳴砂山 답사를 당장 오늘 오후로 앞당겼다.

밍사산은 입자가 고운 모래가 부드러운 곡선을 그리는 모래산이다. 고운 모래가 흘러내리는 소리가 우는 소리 같다고 하여 '명사鳴砂'라는 이름이 붙었다.

그 까닭은 밍사산의 저녁노을이 아름답다고 소문이 나 있었기 때문이다. 현지 가이드는 날씨가 고르지 못함을 염려하여 난색을 표했으나 일행 대다수의 요구에 따라 계획 변경이 이루어졌다.

버스가 밍사산 입구에 다다랐을 때 가이드가 염려한 대로,

어디선가 먼지 섞인 바람이 거세게 불어오고, 순식간에 검은 구름이 몰려왔다. 차내에서 일행들은 사막답사 체험 여부를 놓고 왈가왈부하다가 결국 희망자에 한하여 결행하기로 하였다. 나는 평소 낙타를 타고 사막 길을 걸어가는 대상들의 모습을 고통보다 낭만적인 것으로 여겨왔을 뿐 아니라, 비록 어렵다손치더라도 이곳에 온 목적 자체가 도전적이었던 것만큼 선뜻 체험팀을 따라 나섰다.

어수선한 매표소 문을 통과하니 저만치 낙타들이 가지런히 앉아 우리를 기다리고 있다. 서투른 동작으로 낙타 등에 올라탔다. 다리를 접고 앉아 있던 낙타가 뒷다리부터 세워 일어서는 바람에 하마터면 앞으로 고꾸라질 뻔하였다. 낙타가 한 발 두 발 뚜벅뚜벅 걸어가는데, 마치 옛날 나막신을 처음 신을 때 발이 아팠듯이 안장과 내 궁둥이가 따로따로 놀아 여간 부대끼는 것이 아니었다. 게다가 계곡에서 간헐적으로 몰아치는 모래바람이 어찌나 괴롭히는지 차라리 내려서 걷는 편이 나을 것 같았다. 하지만 체통을 지키기 위해서라도 억지로 참아야 했고 참고 가다 보니 차츰 낙타의 동작에 맞추는 요령이 생겨 1킬로미터 남짓의 길을 그런 대로 통과할 수 있었다.

낙타에서 내린 곳은 거대한 모래언덕 밑이다. 정상까지의 급경사를 올려다보니 까마득하다. 여기서부터는 걸어서

중국 간쑤성 둔황시 막고굴.

올라가란다. 곱디고운 모래들만 가득한 모래 산이다. 경사 길을 한 발짝 내디디면 삼분의 일은 도로 미끄러져 내려온다. 다행히 중간에는 나무로 만든 사닥다리 모양의 계단길이 있어 힘겹게 한 계단 한 계단 올라갈 수 있었다. 모두 모자를 눌러쓰거나 선글라스를 끼고, 마스크도 하고, 어떤 이는 머플러로 얼굴을 싸맸기 때문에 누가 누군지 분간하기가 어렵다. 모래바람은 앞에서 때론 옆에서 사정없이 때린다. 시야가 흐려진다.

어떤 이는 중도에 주저앉아 호흡을 고르다가 이내 걸음을 재촉한다. 자칫 잘못하다가는 모래바람에 묻혀버릴지도 모를 지경이기 때문이다. 그런데 온몸을 스쳐 가는 모래는 모래알이라기보다 좁쌀보다 작은 모래가루다. 한줌 집어보니 깨끗하기 이를 데 없다. 바람에 부대끼고 걸러져서 같은 크기끼리 모인 모래 알갱이들이다. 시간만 허락하고 바람이 자면 맨발로 이 모래 위를 마냥 걷고 싶은 충동마저 느낀다. 맨발에 닿는 촉감이 얼마나 부드럽고 좋을까? 그런데 지금은 이 모래가 바람에 섞여 우리를 마구 괴롭힌다. 우리는 굴하지 않고 입을 악물고 정상에 간신히 올랐다. 일행 중 벌써 앞질러 와 있던 사람들은 뒤따라 올라오는 사람들을 환호와 박수로 맞아준다. 정상의 모래 바람은 한 층 더 거세다. 옷자락이 찢어져 나갈 것 같다. 무게중심을 단단히 잡지 않으면 바람에 밀려 넘어질 것만 같다. 사방으로 둘러보니 모래 언덕들이 파도처럼 출렁인다. 장관이다. 바람은 모래를 이리 옮기고 저리 옮기고, 하루 밤이면 모래 산을 하나 만든다 한다. 먼 옛날 길을 잃고 죽어 버린 낙타와 낙타의 주인 유골이 가끔씩 발견된다는 말을 이해할 만하다.

이곳은 실크로드의 요충지인 둔황의 명소로서 관광자원의 큰 몫을 하고 있다. 날씨가 맑은 날 모래가 미끄러져 내리는 소리를 들을 수 있다는데, 오늘은 그 소리를 듣지 못해 아쉬움이 남는다. 또한 그림엽서에서 본 일몰 광경은 보지 못하고, 모래 먼지에 뿌옇게 보이는 서쪽 하늘의 저녁 해를 바라보는 것으로 만족해야만 했다.

이 곳 밍사산은 둔황 시내에서 남쪽으로 5킬로미터 떨어진 곳에 있다. 옛날에 한 무리의 군대가 이 곳 모래바람 속으로 사라진 일이 있었다고 한다. 우리도 그렇게 묻히지 않은 것을 다행하게 여기며 하산을 서둘렀다. 모래산 산행은 처음이었고, 아주 고통스러운 체험이었다. 그러나 2000년 전부터 중국의 특산물인 비단을 서역으로 수출하고, 서역에서 보석, 금·은을 수입하는 무역상들이 오갔던 것을 떠올리며 엄살떨지 않기로 했다.

산을 내려온 일행들이 누각을 찾았다. 골짜기에 있어서 바람은 산 위보다 약했다. 건물 안에는 기념품가게와 화장실 작은 휴게실이 있었다. 내부는 썰렁하기만 했고, 화장실 앞을 지키는 노인 관리인 모습도 예사로 보이지 않았다. 잠깐 다녀가는데도 견디기 어려워서 절절 매는 판인데 이곳에 썰렁하게 서 있는 누각처럼 홀로 무표정하게 앉아 있는 저 관리인의 삶은 오죽할까? 이 속에서나마 안분지족安分知足하며 또는 그저 체념 속에 인고를 씹어가며 살아가는 것일까? 나는 순간 가슴이 먹먹해졌다. 같은 하늘 아래건만 환경도 가지가지, 사람도 가지가지, 이 속에서 살아가는 방식도 가지가지임을 새삼 느껴본다.

다시 낙타에 몸을 싣고 귀로에 접어든다. 낙타의 끄덕거림은 여전하나 올 때보다는 한결 수월함을 느낀다. 낙타몰이 원주민의 모습을 본다. 낙타 몸통만큼이나 그을린 얼굴, 찌들대로 찌든 피부색, 영양실조를 느끼게 하는 야윈 몸, 그래도 웃음을 잃지 않는 그 표정, 그 속에서 얼마간의 팁을 갈망하는 눈빛도 읽을 수 있었다. 또 한 번 가슴이 아려진다.

모래산 자락을 돌아가니 놀랍게도 자그마한 호수가 보인다. 호수의 물은 높은 산의 만년설이 녹아 흐르는 것을 지하수로를 통하여 예까지 끌어 온 것이다. 초승달 모양의 이 호수를

둔황을 떠나 신장자치구 우루무치로 향했다.

월아천月牙泉이라고 한단다. 그 푸른 물빛은 메마른 사막, 죽음의 사막 속에서 싱그럽게 피어난 생명력을 느끼게 한다. 연간 강수량이 50밀리미터도 채 못 된다는 이곳. 목이 타도록 건조한 이곳에, 이 호수의 물은 어떤 보물에 비유를 해야 될지?

사막과 호수, 모래 위의 열기와 높은 산 위의 백설, 척박한 사막과 오아시스……. 어차피 이 세상은 상반되는 양면이 공존하는 모양이다. 이것이 동양철학에서 말하는 음양의 이치인지? 조화의 원리인지?

돌아오는 길목에서는 이런 저런 상념이 교차한다. 무언가 해냈다는 성취감에 어깨가 올라가고 온몸으로 희열감을 느낀다. 청춘 시절, 빨갛게 물든 하늘을 배경으로, 하늘과 모래언덕이 맞닿은 선을 따라 홀로 걸어가는 낙타와 그 낙타를 탄 상인을 상상하며 부르던 노래가 떠오른다. 〈달밤의 사막〉이라는 노래다.

달밤의 사막을 멀리멀리
낙타가 하염없이 걸어갑니다.
금 안장 위에는 왕자님이
은 안장 위에는 왕자비가
둘이서 나란히 뚜벅뚜벅
달밤의 사막을 걸어갑니다.

바람은 자고 구름이 사라질 무렵에 우리는 출발지점으로 되돌아왔다. 낙타가 앞다리를 먼저 접고 앉는 바람에 떠날 때처럼 또 한 번 앞으로 고꾸라질 뻔했다. 낙타몰이 원주민이 싱긋 웃는다. "짜이젠 짜이젠" 하고 헤어지는 인사를 나누었다. 5월 그믐의 밍사산 저녁 해도 모래언덕 너머로 조용히 사라졌다.

2-15

피라미드와 원 달러

"원 달러! 원 달러!" 관광객이 지날 때마다 상인들이 외쳐댄다. 이집트의 고대 문명을 찾아 나선 우리 일행 사이로 끼어들기까지 하니 통행에 방해가 될 정도다.

이집트의 수도 카이로를 벗어나 이 나라의 젖줄인 나일 강을 따라 남하하노라면 이 나라의 중왕국, 신왕국 시대의 수도로서 번성했던 룩소르에 이른다. 신기한 전시물로 가득 찬 박물관과 신전을 살핀 후 왕가의 계곡이라는 곳을 찾아갔다. 깊은 계곡에 바위를 뚫어 매장한 왕의 무덤군이다. 그 무덤으로 가는 사막길가 외딴집에서 놀고 있는 어린 남매가 이색적이어서 그들과 함께 사진 한 장을 찍고 1달러를 주었더니 어느 사이에 다가온 그 아이들의 어머니가 그것을 채간다. 아이들이 울며 매달리며 소란을 피운다. 그 모습은 생활이 아닌 생존의 모습이었다. 괜히 짠한 마음이 들었다.

룩소르에서 아스완으로 남하할 때는 경찰의 에스코트를 받았는데 이는 회교 원리주의자들의 공격을 염려해서란다. 집결지인 검문소에서 족히 30분은 기다렸다. 버스 안에 설치된 화장실이 있는 줄 모르는 몇몇이 1달러를 내고 길가 화장실을 이용했다고 투덜댄다.

우리를 태운 버스는 사막과 녹지대의 경계를 가르며 달렸다. 이윽고 가장 보존상태가 좋다는 에도프 호루스 신전에 이른다. 호루스 신의 동상과 정교한 부조浮彫 조각품을 감상하고 길에 나오니 또 다시 "원 달러, 원 달러" 라는 호객 소리가 골목길을 메운다. 1달러짜리 물건을 사라는 것도 있지만 여기서는 싸게 판다는 뜻인 모양이다. "원 달러"라는 말로 일단 상점에 유인해놓고 흥정을 시작한다. 상술이 여간 아니다.

나일 강에 떠 있는 작은 섬의 현대적 호텔이 우리가 3일간 투숙할 곳이란다. 돛단배 두 척에 나누어 타고 가려니까 강가 모퉁이에서 별안간 소리 높이 노래 부르며 헤엄쳐오는 한 소년이 눈에 띈다. 잠시나마 나그네의 흥을 돋우며 시선을 끌다가 뱃전을 잡는다. 나는 그 수고의 대가로 1달러를 손에 쥐어주었다. 머리를 꾸벅여 고마움을 나타낸다.

강 건너 아스완의 야시장 구경에 나섰다. 거리를 역마차로 한 바퀴 돌고 다시 갈아탄 뱃길은 짧았지만 운치 있고 신나는 한 때였다. 수면은 외등과 고층건물의 전기불로 아름답게 물들여지고 하늘에는 별들이 온통 금싸라기를 뿌린 듯 반짝이는데, 도강하는 작은 배 안에는 우리 일행과 주민들이 각자 한 줄로 마주 앉아 대조를 이루었다. 우리는 들뜬 기분에 따라 '서울의 찬가', '아리랑' 등의 노래를 소리 맞춰 불렀더니 저들도 손뼉 치며 합류를 한다. 그리고는 그들끼리도 자기네 노래를 소리 맞춰 부르며 흥을 돋운다. 가락이 뱃노래인 듯 조타수가 첫 가사를 메기면 후렴을 모두가 따라하는 단순하면서 온몸을 으쓱하게 하는 흥겨운 노래다. 되풀이하는 동안에 노 젓는 흉내를 내며 가락에 따라 주었더니 잘 어울린다는 듯 희색이 가득하다. 우리 일행의 흥을 돋워 주기 위하여 원주민 모두가 마음을 나누어주는 것 같아 고마워서 조타수에게 우리 리더가 약간의 팁을 주었더니 몹시 고마워한다.

다음 날 아스완 하이댐과 그로 인해 생긴 세계 최대의 나세르 인공호수를 찾았다. 상상키 어려울 정도의 엄청 큰 호수다. '야아!' 하는 함성과 함께 호수의 크기만큼 풍요로워질 이 나라의 앞날을 점쳐보기도 한다. 이 호수의 역할은 옛날부터 고질적으로 되풀이 해온 나일 강 범람을 막기 위한 것이란다.

이 인공호수는 20세기의 피라미드로 불리는데, 이는 실감나는 말이다. 외국의 도움을 받기는 했다지만 국민 모두가 1달러를 소중히 하면서, 하나부터 쌓아 올렸다고 한다. 꾸준함과 집요함을 가진 이집트인의 혈통이 갖고 있는 중요한 자산이리라.

서둘러 아스완에서 북쪽을 향해 한 시간 남짓 비행하니 카이로에 도착하였다. 세계적인 이집트 고고학 박물관을 관람하고 '기자'라는 곳에 있는 피라미드와 스핑크스를 찾았다. 세계 최대 건축물로 자랑하는 높이 146미터의 쿠푸왕의 피라미드 내부에 들어가 보았다. 경사가 심한 좁고 긴 터널길이다. 돌을 쌓아 올린 곳에 이런 공간이 있다는 것이 믿어지지 않을 정도다. 한 시간 반만에 '휴우!' 하고 밖으로 나오니 강렬한 햇살에 눈이 부시다. 기다렸다는 듯 낙타 주인이 낙타를 들이대며 타보라고 권한다. 갈 길이 바빠 뿌리쳐도 "노 머니, 노 머니" 하며 억지로 태우는 바람에 나는 못 이겨, 낙타에 올라탔다. 노머니가 약속이었지만 내려서 1달러를 쥐어주니 싱긋 웃어 답례한다. 피라미드를 배경으로 촬영할 수 있게 마련된 언덕에는 낙타 주인과 잡상인들이 "원 달러, 원 달러"를 돌림노래 하듯 외친다. 생각해보니 지금 이곳저곳에서의 '원 달러'라고 외치는 소리는 어느 경우에도 공짜로 구걸하는 소리는 아니었다. 어떠한 노력과 서비스를 제공하고 나서 반대급부로 줄 것을 기다리는 소리들이다. 기브 앤 테이크Give and Take 정신이 잘 나타나 있다.

이들은 천하를 호령하고 태양의 신과 가까이 했다는 파라오의 후손이며 찬란한 역사와 웅대한 문화를 가진 이집트인의 후손이고, 태양의 신이 가장 먼저 비춰주었다는 부지런함의 상징인 쇠똥벌레를 누구보다 찬양해 온 민족이었다고 전한다. 그런데 이와는 반대로 게으름과 나약함이 구석구석에 배어 있다. 마냥 멍청히 앉아 있는 군상, 물 담뱃대를 물고 있는 비생산적 작태, 이승은 아예 체념한 듯 저승을 위한 무집과 무덤을 향한 마음에 지나치게 집착 하는 모습 등이 그것이다. 나는 이집트 신성문자와 파라오 그림이 들어있는 1달러짜리 장바구니를 기념으로 몇 장 사들고, 이 나라를 하직하며 기내에 올랐다.

이륙하고 나서 귀에 생생한 '원 달러'의 외침소리와 그 의미를 되새겨본다. 후진국 국민들의 생존을 위한 '원 달러'의 외침이 처절하게 느껴진다. 그러나 한편, 생각하니 세계 경제대국 미국의 보통 사람 주머니 속도 100달러 거액권보다 1달러가 더 많을 것이다. 일본 속담에는 '1전을 보고 웃는 자는 1전에도 운다'라는 말이 있다. 이는 작은 돈의 존귀함과 절약정신

피라미드 앞에서 '2달러'의 낙타를 탔다.

을 담고 있다는 것을 알 수 있다. 결국 이집트인들에게 '원 달러'는 모든 것의 시작이리라.

고국에 돌아오니 겨울가뭄에 식수까지 걱정하는 소리가 들린다. 연중 30밀리미터의 강우량에도 견디며 살고 있는 이집트와 비교할 때 우리는 예부터 좋은 환경 조건에서 살고 있다는 것을 새삼 실감한다.

여독을 풀 양으로 대중목욕탕에 가 보니, 사람들은 그저 물을 마구 흘려보낸다. 수도꼭지를 틀어놓은 채 이를 닦거나 비누칠을 하거나 면도하는 사람이 10명 중 7~8명은 된다. 하도

기가 차서 목욕을 끝낸 후 목욕탕 주인에게 일정 시간이 지나면 자동적으로 물을 멈추는 수도꼭지로 교체할 것과 '면도, 이 닦기, 비누칠 하기 등은 수도꼭지 잠근 후 합시다'라는 당부를 부착할 것을 권했다. 탕에 들어가 앉으니 "원 달러, 원 달러"를 외치던 이집트인의 간절한 목소리가 들려오는 것만 같다.

2-16
중국청년구국단의 초청

나를 포함한 38명의 단원은 타이완의 중국청년구국단의 초청을 받아 8박 9일의 여행길에 나섰다. 중국청년구국단의 실체를 한국청소년연맹과 비교하며 이해함은 물론, 타이완의 교육과 문화를 살펴 우리 것을 더욱 풍부히 하자는 게 목적이다.

국민 소·중학교 교사연습회 참관

교사연습회 현관에 '양사흥국良師興國'이라고 써 붙인 게시문이 인상 깊다. '좋은 스승이 나라를 일으킨다'는 본 교사연습회의 캐치프레이즈를 알게 되었다.

이를 위하여 본 연습회에서는 첫째, 교사의 자질과 소양을 높이고, 둘째, 교재의 연구개발과 교수법 개선에 힘쓰고, 셋째, 교수-학습 자료 및 교구를 제작하여 수업 효과를 증진하고, 넷째, 교원 추수지도를 통하여 전문적 교직생활에 전념토록 격려한다는 것이었다.

시설투자가 대단하였다. 종합대강당, 남녀 수강교사 숙소, 시청각 교육관, 자료실, 자료실, 행정센터, 도서관 등이 잘 갖추어져 있다.

연수과정 배분은 정신교육 20%, 생활교육 20%, 전문교육 60%로 되어 있다. 연수방법도 다양하다. 참관, 청강, 제작, 실습, 연습, 조사, 조작, 수집, 조담, 발표, 토론 등이다. 연수형태도 개별연수, 그룹연수, 집체연수로 되어 있다. 세계 각처에 분포 하고 있는 화교학교 교사들이 간간이 이곳에 모여 연수하는 코스도 있다.

각 교과별로 연구실이 있는데, 이날 돌아볼 때는 한 방에 1~2명, 3~4명 또는 그 이상의 교사들이 나름대로 열심히 읽고 쓰고 발표하고 제작하는 연수활동을 하고 있었다. 방학인데도 누가 시켜서가 아니라 자기의 필요에 따라 자발적·자율적으로 하는 연수라고 한다. 또한 '지속적인 연구(장기성), 더불어 하는 연구(군체성), 발전적인 연구(발전성)'를 그 특색으로 한다는 점이 바람직하게 받아들여졌다.

도서관에는 부러울 정도로 많은 책이 소장되어 있었다. 좋은 선생이 되려고, 또 좋은 선생을 양성하려고 교사 개개인이나 교육행정 당국이 노력하고 있는 모습이 역력하였다.

중국청년구국단 방문

구국단을 찾은 것은 방문 첫날의 16시 30분. 친절히 맞이해주는 구국단 안내원들이 '단무소개團務紹介'라는 우리말로 된 안내책자를 나누어 주면서 브리핑을 한다. 안내장 첫 장에 쓰여 있는 장제스 총통 말씀의 한 구절 "시대는 청년을 시련케 하고 청년은 시대를 창조한다"라는 말이 눈길을 끈다.

중화민국 정부를 타이완으로 옮긴 후 장 총통은 공산군에 패한 쓰라린 경험을 통해 청년들과 시대의 요구를 통감하여 '중국청년구국단' 조직을 호소하자 많은 청년들이 열렬히 호응하여 창단하기에 이르렀다. 그 후 청년들의 자발적인 참여와 정부의 행·재정적 지원으로 큰 성과를 거두게 되어 이제는 중화민국 하면 '청소년의 나라'라고 불릴 정도가 되었단다.

구국단의 임무는 한마디로 말해서 '애국청년을 단결시켜 중흥대업을 완성하려는 것'이라며 주요 임무를 조목조목 소개한다. 첫째, 민족정신교육의 추진. 둘째, 청년문화예술활동. 셋째, 우수 청년 표창. 넷째, 청소년 선도 업무의 확대. 다섯째, 전문 직업기능 훈련과 긴급 구조업무. 여섯째, 공장 근로청년을 위한 봉사업무. 기타 사회봉사활동, 국외 봉사업무, 국제 청년 우호 증진 등이라는 것이다.

구국단 이란단위회 방문

아침 일찍부터 중정기념관 참배와 고궁박물관 참관을 마치고, 바다와 바위와 산이 어우러진 해안을 따라 남하하니 이란宜蘭이라는 곳이다. 타이완 시골 풍경을 볼 수 있어 기뻤다.

이란은 산 좋고 물 좋은 시골마을로 구국단 이란단위회에 안내되어 시골의 구국단 이야기를 듣는다. 청년 간부가 구국단 임무의 하나인 전문 직업기능 훈련에 대해 주로 말한다. 사회 발전에 발맞추어 필요한 여러 직업기능 훈련 프로그램을 연구·설치하고, 훈련을 통해 전문 직업기능을 배양하고 도움이 필요한 근로 청소년 학생들을 지도하여 학업을 순조롭게 마칠 수 있게 해주고 있다는 요지이다.

구국단의 운영경비 조달방법을 물으니 '청년에게서 얻고 청년에게 사용하는' 자급자족 원칙에 따른다면서 그 출처를 구체적으로 다음과 같이 예시한다. 봉사 사업단체의 봉사 수입, 각종 청년 활동의 수입, 상·공업계 및 열성 청년활동 인사의 찬조금, 정부기관 및 사회단체가 위탁한 대리업무 수익금 등이란다.

여기서 저녁식사를 마치고 이란 가일여관(반점)에서 투숙했는데, 일행 중에는 식사가 입에 맞지 않아 고통을 당한 사람도 있었다. 이곳 특유의 조미료에서 풍기는 냄새 때문이다. 주선하는 측에서 사전에 한국 사람의 입맛에 맞춰줄 것을 부탁한 모양인데, 이곳의 조리사들은 우리들의 입맛보다 이곳 음식의 제맛을 내는 데 고집스러운 것 같았다.

나는 본래부터 사람이 먹는 음식이면 무엇이고 한번 먹어본다는 호기심을 갖고 먹어서 그런지 그런대로 먹을 수 있었다. 음식도 마음먹기에 따라 맛이 달라진다.

화롄

이란에서 화롄花蓮을 향하여 남하하는데, 동양 최장 연해도로 세계적으로 유명한 쑤화蘇花도로를 통과한다. 쑤화도로는 쑤아오蘇澳에서 화롄花蓮을 잇는 해변 자동차도로로서 1185킬로미터나 된다고 한다.

가도 가도 바다가 보인다. 곳곳에서 벌이고 있는 도로공사로 자동차 주행을 방해 하여서 때로는 짜증이 나기도 하였다. 태노각太魯閣(타이루거)이란 곳에서 우측으로 꺾어 내륙으로 접어드니 목적지인 화롄에 닿는다. 이곳에서 제일 먼저 찾아간 곳은 대리석공장이다. 문전에 태극기가 걸려 있고, 유창하

타이완에서 넉넉한 인상의 불상과 함께.

게 한국말을 구사하는 한국 화교 출신의 여성 안내원이 우리를 맞아준다.

대리석으로 만든 각종 공예품을 보여주며 사도록 유인을 한다. 대리석의 무늬와 질이 그렇게 아름답고 다양한 줄 몰랐다. 나무 다루듯 자유자재로 자르고 조작한 공예품 중에는 걸작이 많았다.

대리석 석재공장을 가보니 큰 목재공장처럼 돌 판자, 돌기둥을 기계로 켜고 자르고 갈면서 엄청난 양의 석재가 생산되고 있다. 안내자 말로는 타이완은 대리석이 많은 곳이라, 대리석만 채석하고 제석해서 수출해도 대만 사람들이 몇 세기를 끄떡없이 살아갈 수 있다고 한다. 이곳 석재는 우리나라 건축 업계에도 상당량이 팔려가고 있단다.

우리는 심산계곡이 펼쳐진 수려한 명승지 태노각, 연자구, 구곡동, 자모교 등 아름다운 곳을 주마간산 격이긴 하나 그런대로 감상할 기회를 가졌다. 나는 이 과정에서 어느 타이완 노부부를 만나 이야기를 나누며 걸었다.

70세 정도의 노인들로서 일본말을 썩 잘한다. 50년간 일본 치하에 있을 때 성장한 나이이니까 그럴 수밖에. 뒤따라오는 젊은 부부가 아들 며느리라면서 인사도 시키고 남다른 효자 효부임을 자랑한다. 생계가 그리 넉넉하지 않은데도 이렇게 효도관광을 시켜줄 정도로 효심이 지극하다는 것이다. 옷차림으로 보나 업힌 어린이의 모습을 보나 생활수준이 높지 않을 것임이 분명했다. 그러면서 이야기를 계속한다. 유교와 도교의 본고장인 중국어권 나라지만 요즘 젊은 세대들의 효심은 점점 희박해져가고 있는 것을 한탄하는 이야기다.

다음에 내 쪽에서 한국 이야기를 하니 고개를 끄덕이며 아들며느리에게 통역을 해준다. 인종과 사용하는 언어는 달라도 인정人情은 서로 같으며 웃음이라는 표현방식은 다 같다는 것을 새삼 느꼈다.

톈샹 청년활동센터 방문

화롄에서 '동서횡관공로東西橫貫公路(동서 횡단도로)'라는 간판의 통행문이 있는 태노각에 오니, 원주민인 예쁜 처녀들이 함께 기념사진을 찍어준다. 태노각 협곡의 입구인 이곳에서 20킬로미터를 서쪽으로 가면 톈샹天祥에 이른다. 이 구간이 동서 횡단도로 공사 중 가장 난공사難工事 구간이었다고 하며, 경치가 가장 수려한 곳으로 옛 타이완 팔경의 이른바 '노각유협魯閣幽峽'은 여기를 두고 이른 말이란다.

이윽고 우리 일행은 톈샹 청년활동센터를 안내받았다. 목재가 다량 생산되는 산간지대에 위치한 기관답게 이곳은 건물, 책걸상, 기타 시설물이 모두 목재로 되어 있다.

이곳 현장은 횡단도로의 한 주요한 스테이션으로서 서면西面이 높은 산으로 둘러싸여 있고, 출렁다리의 푸른 협곡과 시화처럼 아름다운 절경이다. 이곳에 구국단 센터를 건립하였는바, 설명하는 이의 말에 따르면 청소년 우선의 나라답게 이러한 좋은 곳에 청년활동센터를 먼저 세우면 뒤따라 마을이 생기고 위락시설이 생기는 것이 상례라고 한다. 이와 반대로 호텔이 먼저 생기고 위락시설이 생긴 후에 비집고 들어가 청년활동센터와 같은 것을 세우는 일은 없다는 것이다.

위치 또한 좋거니와 시설이 대단하다. 강당, 강의실, 사교실, 식당, 숙사 등이 갖추어져 있어 수백 명이 집회활동이나 연수활동을 할 수 있도록 되어 있다. 그중에서도 잘 지어진 유스호스텔이 있었는데, 등산 청년들을 위한 숙식 제공을 전담하고 있는 곳이다. 안내원이 여러 임무 중 자강활동에 대한 것을 소상히 설명해준다.

보통 주말 휴가를 이용하여 청년의 심신에 유익한 각종 여가선용 활동 프로그램을 마련하며, 여름 겨울방학 기간 중에는 대규모의 종합적인 청년 자강활동을 거행한단다.

그 내용은 학술연구, 사회봉사, 권투 기능, 재능 양성, 참관·방문 및 예술, 체육, 등산, 도보, 야영 등의 활동이 주가 되고 있으며, 좀 더 다양한 내용과 새로운 방식이 도입됨으로써 국내외 청년들에게 대단한 인기를 얻고 있다고 한다.

횡단도로와 리산

동서 횡단도로를 타고 다시 서쪽으로 횡단길에 오른다. 참으로 험한 길이다. 온통 대리석과 석회석으로 뭉쳐진 산을 가로질러 길을 낸 중국 사람들의 역량에 찬사를 보내고 싶다.

중국 본토에서 철수한 잔병들이 수공업적 방법으로 각고의 고생 끝에 뚫은 길이라고 한다. 따라서 길이 매끈하지 못하고 위험한 곳이 여기저기 있으나 자연의 맛과 소박한 인간미가 풍기는 길이기도 하다. 올라갔다 내려갔다 하는 경사진 길, 이리 구불 저리 구불 하는 굴곡진 길의 연속이다. 연도의 기암괴석, 맑은 계곡, 우거진 숲, 모두가 그림과 같이 아름답다.

도중에 고지대의 리산梨山에 내려 점심을 먹었다. 여기는 횡단도로의 중간에 위치한 해발 2000미터의 명승지로서, 그림 같은 중앙산맥中央山脈의 구름바다 경치는 일품이다. 그리고 이곳은 배와 사과의 고장이란다. 우뚝 서 있는 중국 궁전 건물로 된 리산의 호텔도 인상적이다. 긴 머리를 엉덩이까지 땋아 늘인 토박이 처녀가 지나가는 모습, 경운기 행상 등 이색적 풍경도 감상하며 이곳 사과도 사먹어본다.

'이산춘색梨山春色'이 일품이라더니 참으로 아름다운 곳이다. 그리고 깊은 계곡, 경사진 땅을 잘 일구어 과수원, 밭 경작으로 풍요로워 보인다. 내리막길에서 건강도보 대열을 만난다. 극기훈련(자강활동)의 일환으로 고등학생으로 보이는 청년들 수십 명이 무리지어 긴 언덕길을 걷고 있다. 여기서는 이 프로그램을 '건행健行' 이라고 한다. 가는 동안에 다른 몇 곳에서도 건행하는 청년들을 목격할 수 있었다.

타이중의 타이완성 정부 방문

화롄에서 아침에 버스로 떠난 우리는 온종일 달려서 타이중臺

中에 도착할 즈음에는 때는 오후 7시 경이었다. 다음날 아침에 방문할 곳은 타이완성 정부청사다. 타이페이에는 중화민국 중앙정부가 있고, 타이중에 있는 것은 타이완성 지방정부인 것이다.

밤에 세 사람이 짝지어 밤거리 구경에 나섰다. 타국 땅이고 밤거리라서 약간의 공포감도 없진 않았으나, 만나는 사람들이 모두 순박해보여 이 점은 한낱 우려에 불과했다.

여기만 해도 한국 사람이 많이 다녀가지 않은 듯, 우리를 일본 사람으로 보는 이가 태반이다. 모녀가 호박씨를 까먹고 있는 가게에 들러 음료수를 한 잔 놓고 말을 걸어보니 대화가 잘 안 된다. 그러나 모녀는 친절했다. 호박씨를 주기에 같이 까먹었다.

다음날 아침엔 비가 간간히 내렸다. 숙소의 정원이 잘 꾸며져 인상적이다. 야자수와 이름 모를 꽃이 남방의 정취를 듬뿍 풍긴다. 버스로 이동하여 가오슝에 도착한 일행은 삼신상업직업학교를 방문했다. 학교건물은 특이하게 추녀를 곡선으로 지어 예술성이 있어 보였는데, 그 규모가 큰 데 놀랐다.

직업교육을 대규모로 철저히 하고 있는 학교다. 오늘의 산업사회에서 살아남기 위하여, 과학·기술면에서의 국제 경쟁력을 높이기 위하여 직업교육을 잘하고 있음을 감지할 수 있었다. 기술교육은 물론 자강훈련과 각종 취미교육도 잘 하고 있는 것 같았다.

이 나라의 교육제도는 기간학제가 한국처럼 6-3-3-4제이나 차이점을 찾아본다면, 무상교육 면에서 우리보다 앞서 있다는 점이다. 즉 무상교육인 초등학교가 소학 6년, 중학 3년으로 9년제다. 한국의 중학교는 고등학교와 묶어 중등교육 6년으로 보는 경향인데, 이 나라의 중학은 소학교와 묶어 초등학교 9년으로 보고 있는 것이다.

교사의 봉급은 한국보다 낮은 편이었다. 초등교사의 초임봉初任俸은 월 40달러로 최고 64달러, 중등교사는 초임봉급 43달러로부터 최고 74달러, 대학 정교수는 초임 89달러로서 최고 107달러 정도로 되어 있다. 그러나 별도로 주식수당, 주택수당, 가족수당을 받으며 복지위원회福祉委員會가 있어 금전대여, 해외여행 알선, 연구 및 출판비 지원과 교사 자녀의 교육비 보조로 생활하는 데는 큰 불편이 없을 정도라고 한다.

다음날은 등청호를 관람했다. 안개가 자욱이 낀 아침이라 잘 살피지는 못하였으나, 남부의 일월담日月潭이라고 일컫는 새 관광지로서 크게 클로즈업되고 있는 곳이다. 100헥타르나 되는 호수를 둘러싼 공원 복판에는 옛 중국식 건축물이 아름답게 자리 잡고 있어 관광객에 깊은 인상을 심어준다.

일월담은 본래 타이중에서 서남西南으로 80킬로미터 떨어져 있는 곳으로서 타이완 제일의 명승지로 알려져 있는 곳이다. 주위의 명산과 함께 거울처럼 맑은 호수에 비치는 그림 같은 수중의 경체는 물론, 해와 달의 물그림자가 아름다워 일월담이라 하였다 한다.

확실한 지점은 잘 모르지만, 이동하는 도중에 아리산에서 하차하여 휴식을 취하였다. 여기에는 아리산 공원의 심볼이라고 하는 신목神木이 있다. 이 나무는 단풍이 드는 나무인데, 높이가 50미터에 달하고 수명은 3천여 년이라고 한다. 관광객들은 이곳에서 다투어 사진을 찍는다. 중국은 참으로 큰 것도 많고 오래된 것도 많은 나라다.

불광산 참관

불광산은 타이완의 남부에 있는 불교 성지로서 전당, 보탑, 문물관(불상 박물관)이 있고, 생전 처음 보는 대입불상을 비롯하여 대소大小 불상 180개가 배치되어 있다. 그래서 여기를 '불성佛城'이라고 일컫는다. 대입불상이 하도 커서 이를 배경으로 사진을 찍으려 하니 대입불상과 멀리 떨어진 곳에서 포즈를 취할 수밖에 없었다.

불상박물관에 들어가 보니 불상의 모습들이 그렇게 다양할

타이완 불광산에 올라 대입불상을 배경으로.

수 없다. 중국 각 지방 각 시대의 불상, 일본·인도 등 외국의 불상, 우리 한국의 경주 석굴암의 불상 모조품도 진열되어 있다. 조각에 대한 감상 실력이 없는 나였지만, 그 많은 불상 중에서 우리 석굴암의 불상은 유난히 우아하고 아름답게 살아

숨 쉬는 듯 돌보였다. 이곳은 하도 방대하여 다 살필 수 없었다. 불이문不二門에 들렀다가 극락의 문을 관람하였다. 불교에서 말하는 내세의 지옥과 극락세계…….

동굴 속에 극락세계의 모형을 만들어놓고 관람인 나름대로 죽음 문제를 생각할 기회를 마련하고 있다. 인간은 어차피 생로병사의 과정을 밟게 마련이다. 불교에서는 죽음 이후에 내세가 있음을 믿는다. 이승에서 어떻게 살았느냐에 따라 지옥에도 가고 극락에도 간다고 믿는다. 극락세계가 어떠한지 인간의 머리로써 상상의 날개를 펴고 구상해본 것이다. 흥미로운 일이다. 잠시 자신의 인생과 죽음에 대한 것을 생각해 보는 좋은 계기가 되었다.

컨딩 국가공원 방문

마지막 코스로 타이완의 가장 남단에 있는 컨딩墾丁에 가서 남쪽 끝없이 펼쳐진 태평양을 바라보며 큰 호흡을 해본다. 그리고 이곳 레저의 거점인 오루안피에서 휴식을 취하고 컨딩 국가공원도 감상한다. 이 공원은 마음껏 자리를 넓게 차지해서 희귀한 식물들을 잘 육성·유지하고 있다. 그곳을 안내하는 처녀들의 발랄한 웃음과 수다를 배경 삼아 사진 한 장을 찍어본다. 공원을 한 바퀴 도는 동안에 우리 일행은 지칠 대로 지쳤다. 이곳에서의 일박은 입맛 나는 식사시간으로 메워졌다.

아침 일찍 비행장이 있는 가오리高離로 되돌아갔다. 귀로에서 몇 가지 문제를 정리해보았다. 첫째는, 이 나라의 국장을 치르는 모습이다. 우리가 타이완을 찾았을 때엔 때마침 장징궈 총통 국장 기간이었다. 우리는 가는 곳마다 차려놓은 장징궈 총통의 빈소에 안내되어 분향하고 삼배를 하였다. 여기 의식은 재배가 아니라 삼배이다. 생전의 공과는 불문하고 나라의 상징이기도 한 총통의 죽음을 온 국민이 애도하고 국장을 치러가는 국민적 성숙함을 엿볼 수 있었다.

둘째는, 한자문화 속의 우리와 중국에서 쓰는 용어의 차이점이다. 같은 한자문화권이면서 우리와 다른 한자용어가 많다. 치과齒科를 아과牙科로 칭하는가 하면, 중국에서는 탈것들을 다음과 같이 부르고 있다. 기차汽車는 화차火车로, 자동차自動車는 기차汽車로, 버스는 공용기차公用汽車로, 트럭은 카차卡車로, 오토바이는 마탁차摩托車로, 택시는 출조기차出租汽車 혹은 계승차計乘車로, 봉고차는 면포차面包車로, 자전거自轉車는 자행차自行車로 사용한다. 또 재미있는 것은 같은 뜻인데도 우리나라보다 글자 수를 줄여 부르는 말이 꽤 있다는 점이다. 예컨대 교차交叉를 차叉로 필요必要를 요要로, 정자亭子를 정亭으로 한 자씩 줄여서 말한다. 우리나라가 중국에서 한

자를 가져다 쓰기 시작할 때, 한 자씩 더 붙여 말을 만든 것이 아닌가 싶다. 그리고 용변 보는 곳을 우리나라에서 뒷간·칙간·변소·화장실·해우소 등 여러 가지로 부르듯이 이곳에서도 '洗手間·化裝室·則間·盥洗室' 등 여러 가지로 부르고 있는데 그 까닭을 나는 알 수가 없었다. 여하튼 나로서는 재미있는 것을 발견했다는 기분이다.

셋째는, 이 나라의 경제 부흥이다. 한 마디로 이 나라는 부존자원이 많은 나라이다. 아열대 지대라서 온갖 과일이 많고, 2~3모작이라 쌀 생산이 많아 식량이 풍부하며, 대리석이 무진장 매장되어 있고, 천연의 관광자원이 넘치며 근면·인내·끈기·근검절약으로 특징지어지는 인적 자원이 풍부한 것이 그것이다.

여기에 아열대 지방이라서 의류비가 덜 드는 것은 물론, 난방시설이 필요 없어 에너지 소비가 적다는 것이다. 또한 복덕방이 별로 없다는 말을 들었는데 이로 미루어 볼 때 부동산 투기가 적은 것 같으며, 정부에서는 중소기업을 우선적으로 기른다 하니, 국가경제의 기반이 튼튼한 것 같다. 거기다 '자원유한 창의무한資源有限 創意無限'을 내걸고 보다 발전적으로 잘 살려고 노력하고 있으니, 더욱 경제는 부흥될 것으로 보아진다.

우리 일행은 국내선 비행기로 가오슝에서 타이페이로, 다음 날 타이페이에서 우리 대한항공 비행기로 김포공항에 닿아 7박 8일의 뜻 깊은 타이완 연수는 막을 내렸다. 어제 컨딩에서는 농부가 모를 심고, 흰 꽃잎과 흰 나비 떼가 버스 차창에 부딪치더니 오늘 김포공항에 내렸을 때엔, 흰 겨울눈이 택시 앞 유리 창에 부딪친다.

2-17

일본 규슈 겨울 여행

첫째 날

김포공항을 이륙한 후 1시간 20분. 눈부시게 피어오르는 구름과 바다를 내려다보느라 정신이 없는 사이에 규슈의 나가사키 공항에 당도하였다. 마중 나온 가이드가 나누어준 여행 일정표를 보니 가고시마행 비행기 출발시간까지는 2시간 40분이나 남아 있었다. 우리 일행 부부 다섯 쌍은 이 시간에 가볍게 점심식사를 마치고 시내 관광을 하기로 하였다.

이곳 나가사키 공항은 시내에서 한참 떨어져 있는 오무라大村시에 위치하고 있다. 이 신설 공항은 오무라시 앞바다의 쓸모없는 섬을 깎아 바다를 메우고 그 위에 만들었다고 하는데, 얼마 안 돼서 그런지 아주 깨끗하고 훌륭하였다. 우리는 택시에 나눠 타고 베트남 난민 수용소 앞을 지나갔다. 이때 수용소 철책 저편에는 베트남 난민 두 사람이 우리일행에게 손을 크게 흔들어 보였다. 구원을 요청하듯, 외롭고 답답함을 호소하듯…….

시간에 쫓겨가며 관광하는 우리는 무정하게 그들을 뒤로하고 도자기 공장이 있는 산언덕에 올라가 오무라시를 조망眺望하였다. 그리고 도자기 공장을 견학했다. 도공들이 예전 방식대로 발로 판을 돌리면서 도자기를 빚고 있었다. 그들은 김씨 가문의 후예일까? 아니면 이씨 가문의 후예인까? 여기는 임진왜란 때 우리나라 도공들이 많이 잡혀 왔던 곳이라고 한다. 그들이 조선인의 후예일지 그 누가 알랴. 그들의 모습은 우리와 많이 닮았으나, 말은 우리와 전혀 다른 언어를 쓰고 있으니 기분이 참 묘했다.

우리는 히노키(노송나무)와 스키(삼나무)가 우거진 산길을 이리저리 돌아 내려와 꽃과 역사를 자랑하는 오무라공원을 찾았다. 공원 입구에서는 270년 동안이나 자리를 지키고 있는 석축건물의 기둥들이 어깨를 펴고 기세등등하게 우리를 맞이하고 있었다. 그리고 왼쪽 좁은 문을 거쳐 들어가니 오무라가의 묘지가 있었다. 숲을 이루고 있는 크고 작은 묘비 들은 그 당시 이 집안의 부귀영화를 말하는 듯하였다. 밖에는 석축 위에 늠름해 보이는 소년 동상 넷이 우뚝 서 있었다. 이것은 일찍이 미지의 세계에 도전하여 역사적·문화적 공적을 남긴 용기 있는 네 소년의 동상이라고 한다. 일본의 근대화를 가져온 선구자의 상징이다. 진취적이고 개척적인 기상을 국민에게 불어넣으려는 일본정부의 의도가 엿보인다.

시간 때문에 나가사키 원폭 기념관은 가보지 못하고, 가고시마로 향하는 조그마한 경비행기에 몸을 실었다. 비행 40분, 드디어 가고시마 공항에 도착하였다. 공항을 빠져 나오니 아열대 식물의 내음이 싱그럽다. 우리는 곧바로 전세 버스에 올라 남쪽의 이부스키로 향하였다. 버스가 해안 도로를 달렸다. 섬과 바다가 변화무쌍하게 어우러진 경치는 참으로 아름다웠다. 어둠이 깔릴 무렵에야 이부스키에 도착했다. 이부스키는 규슈 최남단에 있는 제2의 케이프타운이라고 불리는 곳이다.

둘째, 셋째 날

우리가 투숙한 곳은 가장 큰 이부스키 관광호텔이다. 아침에 산책 삼아 나가 보니 남해를 전망할 수 있는 15만 평의 광대한 정원에 부겐빌레아 등 아열대수가 무성하고, 호텔 난간에 심어진 아름다운 꽃무더기가 예쁘다. 푸른 하늘과 바다가 쫙 펼쳐져 있어 시원하고, 공기마저 달콤하다. 앞이 탁 트인 광대한 공간은 나의 가슴을 확 열어주었다. 참으로 낭만과 환상이 가득 차 있는 곳이었다. 그리고 이곳의 천연 사우나와 모래찜질은 신경통, 류머티즘, 위장병, 중풍 등 다양한 질병에 좋고 전신미용 효과까지 있는 것으로 유명하다. 우리는 때마침 지쳐 있었음으로 그 사우나와 찜질을 이용해보기로 했다. 원래 이부스키에서의 천연 사우나와 모래찜질은 이번 여행의 주된 목적이기도 했다. 뜨끈뜨끈하고 거무스레한 모래 속에서 20분 동안이나 견디어 땀을 흘렸다.

다음날 재차 찜질을 하였는데, 여성들은 중간에 한 번 더 찜질을 했다고 하니, 이틀 동안 세 번을 한 셈이다. 여자들은 목욕이나 찜질을 남자들보다 더 좋아한다는 말이 있는데, 정말인가 보다. 모래찜질이 끝나면 모래를 씻어 내고, 정글 욕장에 가는 것이 순서이다.

이름 그대로 아열대의 정글 안에 유황탕, 바나나탕 등 10여 개의 목욕탕이 있는데 통로를 잘못 찾으면 남녀가 섞이게 마련이다. 그래서인지 우리가 들어가려는 남탕의 유황탕 안에 네 명의 여인이 먼저 들어와 있었다. 우리 남자들은 깜짝 놀라 가리고 피하며 어색한 동작을 취했다. 그러나 그들은 아주 태연하게 물속에서 '뭐 그러느냐'는 듯이 이야기를 주고받았다. 나도 큰마음 먹고 욕탕 안에 들어갔지만 마음이 편치 않았다.

그 여인들은 한참 후 탕에서 나갔는데 알몸인데도 별로 부끄러워하지 않고 수건 하나로 유방만을 가린 채, 유유히 걸어 나가는 것이었다.

또 한 번은 표 받는 할머니가 발가벗고 서 있는 우리 앞에 다가와서, 이번에도 놀라 피하려 하자 "남자가 그런 정도의 것을 가지고 뭘 그리 야단이요, 허 참. 히히히" 하는 것이었다. 그들에게는 아무렇지 않은 일들이 우리 일행에게는 큰 화젯거리가 되었으니 이는 문화의 차이 때문이리라.

당초 계획했던 바다낚시는 사정이 여의치 못해 실행하지 못하였다. 그 대신 바닷가를 거닐다가 벤치에 걸터앉기도 하면서 휴식을 취했다. 하늘엔 눈부신 태양, 바다에서 불어오는 바람을 쏘이며 먼 이국의 향기에 취하고 있었다.

저녁식사는 수천 명을 수용할 수 있는 넓은 노천 식당에서 디너쇼를 관람하며 즐거이 마쳤다. 프로 진행자가 마이크로 국내 관광단 뿐만 아니라 외국 관광객들을 소개하였는데, 한국 팀은 우리 일행 말고도 한 팀이 더 있음을 알게 되었다. 우리는 한국인 팀을 소개할 때 서로 박수를 치며 환호하였다. 남태평양 섬에서 온 댄서들이 훌라댄스를 추고 일본의 가무단이 일본 전통 춤을 보여 주었다. 훌라 댄서들은 관중과 하나가 되려고 무척 노력을 하였다. 같이 춤추고, 함께 사진 찍고,

누가 가장 엉덩이를 잘 흔드나 경쟁을 하고, 선물공세도 하고……. 우리 부부도 댄서에게 끌려 나가 한참 훌라춤 흉내를 내고 꽃목걸이를 선물로 받았다. 모두가 호흡을 같이하며, 즐거운 시간을 보냈다.

넷째 날

아침 일찍 짐을 꾸리고 가고시마 시내 관광과 센다이 온천장 순방에 나섰다. 해안을 따라 북상하는 동안에 큰길가의 소학교 앞을 지났다. 큰길가라지만 이곳은 한적한 시골이다. 운동장·건물·울타리 모두가 우리나라 시골학교와 비슷했지만 이렇게 시야에 잘 들어오는 것은 교장선생님이라는 내 직업 탓이리라.

교문 밖 등교 길을 짧은 바지와 러닝셔츠 차림으로 마라톤하는 어린이들의 모습도 유난히 늠름해 보인다. 그리고 건강해보이는 허벅다리가, 맑고 깨끗한 공기 속을 꿰뚫는 햇살에 거무스레하게 반사된다. 나는 평소 주변인들에게 체력단련을 위해 마라톤이라는 운동종목을 권장해오고 있었다. 몸만 튼튼히 해주는 것이 아니라 인내심과 강인한 정신을 길러주는 운동이기 때문이다. 나약하고 심약한 오늘날의 어린이들에게는 이만한 운동도 없다. 왜소하고 오종종해 보이는 나이든 일본인들에 비하면, 이 아이들은 너무 미끈하고 건강해 보였다. 일본의 앞날을 밝혀줄 소중한 등불들인 것이다.

이윽고 가고시마에 당도했다. 유명하다는 마사시(말고기회)로 새참을 하고 바로 사쿠라지마로 건너가는 배에 버스째 옮겨 탔다. 사쿠라지마에 대해서는 어릴 적에, 1914년 화산火山 폭발로 인해 저절로 육지와 연결된 섬이라고 배운 바가 있어, 기억이 새로운 곳이다. 언젠가 한 번 보고 싶었던 소원을 이룬 셈이다. 산 위에는 구름인지 안개인지 화산가스인지 분간 못할 기체가 부옇게 덮여 산 정상이 보이지 않았다. 위험이 상존常存하여 고지까지는 갈 수 없었으나, 섬을 반 바퀴 돌아 육지로 이어진 부분까지는 답사가 가능했다.

섬은 온통 용암이 식어서 된 검은 바위덩어리와 돌더미, 그리고 시커먼 흙으로 덮여 있고 하늘에는 까마귀 떼가 맴돌고 있었다. 왜 이 섬의 이름이 오도烏島(까마귀섬)인지 무릎을 탁 치게 했다. 도로가의 휴게소에서 큰 무를 이고 서 있는 처녀와 기념사진을 찍었다. 품종이 어떤 돌연변이를 일으켰는지 내 생전에 이렇게 큰 무는 처음 보았다.

되돌아오는 배 안에서는 일본어에 대해 생각해보았다. 일본은 외래어를 받아들이면서 너무 멋대로 변질시켜 사용하고 있다는 생각이 들었다. 예를 들면 펄Pearl을 '빠아루'로, 맵

Map을 '맛뿌'로, 호텔Hotel을 '호테루'로, 스낵Snack을 '스낙구'로, 빌딩Building을 '비루'로, 매너Manner를 '마나'로, 텔레비전Television을 '테레비'라고 하는 따위다. 물론 음운조직상 어느 나라든 타국의 발음을 원형대로 표기하거나 똑같이 발음하기 어렵다. 허나 일본의 경우는 너무 심한 것 같다.

한자 읽기에 있어서도 지슈구指宿를 '이부스키'로, 센나이川内를 '센다이'로, 신고神戸를 '고베'로, 아쓰우미熱海를 '아다미'로 읽으니 종잡기 힘들다.

이윽고 배는 가고시마 선착장에 닿았다. 가고시마 하면 정한론자 사이고 다카모리西郷隆盛의 고향이기도 하다. 일본 메이지明治 시대 초기인 1800년대에 번주제藩主制(에도시대 다이묘들의 영지나 그 정치 형태)를 없애고 새로이 현을 설치하는 지방행정기구 개혁정책이 시행되자, 기득권층인 사족士族들이 특권을 빼앗기게 되어 불만이 팽배해 있었다. 이 불만의 돌파구를 정한征韓으로 돌리려 하였으니, 이것이 이른바 일본 메이지 시대 초기의 정한론征韓論이다. 다행히 이때 구미를 시찰하고 귀국한 아와쿠라あわくら 등의 내치우선内治于先 주장 때문에 사이고 등의 정한론이 무산되었다고 한다. 한국으로선 하마터면 제2의 임진왜란를 당할 뻔한 셈이다.

한때 서일본을 석권한 '사이고' 일파의 세력은 관군과 일대

접전을 했다고 한다. 사이고군의 본거지인 오늘의 사이고 기념동산 초입의 돌 성벽이 탄환자국으로 곰보처럼 되어 있으니 그때의 격전상을 짐작케 하고 있다. 일본인들 중에는 이 사람을 영웅시하는 사람도 많았고, 지금도 이곳에는 이 사람의 삶과 죽음의 자취가 잘 보존되어 있다. 박물관에 가보니 사이고 동상을 비롯하여 서구문명이 들어오기 시작한 일본 근대사의 자료가 잘 보존되어 있었다. 이것은 외침을 별로 받지 않은 원인도 있겠으나, 문화보존의식이 높은 민족성에서 온 것 같다. 이 지방 번주가 거처했던 곳이 오늘날은 공원으로 꾸며져 공개되고 있었다. 일본 특유의 정원기법이 잘 나타나 있는 곳이다. 다듬어진 관상목, 잘 피어나게 한 탐스런 꽃들, 이것들을 짚으로 정성 들여 월동 보호조치를 한 모습, 건물은 물론 돌 하나까지 세심하게 다듬어 보관하고 있는 것, 쭉쭉 뻗고 빽빽하게 자란 대나무 숲 등이 인상적이었다.

그리고 가는 곳마다 신사神社가 있고, 절이 있으며, 늘어진 새끼줄 사이로 행운을 기원하는 흰 종이들이 주렁주렁 달려 있는 그 신사의 풍경은 마치 흰 눈이 내린 것 같은 진풍경이었다. 일본에는 신神이 참으로 많다. 우지신氏神, 정원신, 다리신橋神, 온천신, 산신…….

이곳에는 고양이신을 모시고 있는 조그만 신사가 있었다.

비문을 보니 시계가 없었던 임진왜란 때 고양이 눈 모양을 보고 시각時刻을 판단하게 하기 위하여 7마리의 고양이를 각 부대에 나누어준 바 있는데, 5마리는 전사하고 2마리만 살아 돌아왔다고 한다. 그 고양이의 영혼을 모신 곳이 바로 이곳이다. 이에 시계가 없었던 그 시절 선조의 지혜를 기리고, 시계의 소중함을 깨우치자는 뜻으로 매년 1회씩 이 지방 시계상들이 모여 제사를 지낸다고 한다.

낙태신落胎神을 모신 애기돌부처가 몇 군데 눈에 띈다. 우리나라에는 낳은 지 얼마 안 돼 죽은 애기의 무덤은 있어도, 유산 또는 낙태한 경우까지 하나의 인간으로 보고 그 영혼을 위해 비는 일은 없다. 일본인의 마음 씀씀이가 느껴진다.

동네 어귀에 교육위원회에서 입간판을 세워놓은 것이 인상 깊게 시야에 들어온다.

"지지 마라. 거짓말을 하지 마라. 남을 놀리거나 괴롭히지 마라."

이 외에도 '청소년들에게 사랑의 손길과 교육의 엄격함을', '이곳은 평생교육의 모범마을', '남의 아이도 내 아이처럼' 등의 표어가 있었다. 우리나라의 경우는 상업용 간판이 아니면 정치적 표어나 일반 행정기관에서 내건 행정용 간판만 보아왔는데, 이 간판을 보고 청소년을 위해 교육적 내용을 부각시키고 있는 점을 본받아야겠다는 생각이 들었다.

버스는 가고시마에서 다시 북상하였다. 규슈의 시골길을 해가 기울 때까지 달려서 도착한 곳은 산간에 자리 잡은 센다이 川内 온천마을이다. 우리가 투숙하는 '마루선호텔'은 아름다운 자연에 묻힌 온천호텔이다. 정결한 다다미 방에 친절이 넘치는 안내를 받은 우리는 약효가 뛰어나다는 유황정글 목욕탕에서 목욕을 즐겼다. 유황냄새 풍기는 물이 콸콸 솟는 목욕탕 바닥은 위험할 정도로 미끄러웠다.

노천탕에도 나가보았다. 약간 추웠으나 그런 대로 이곳의 겨울 온천 맛을 느낄 수 있었다. 이곳 동네 노인들과 2차 세계대전 이야기며, 오늘의 한국과 일본과의 관계 등 여러 이야기를 주고받는 동안에 상호 이해와 친선을 꾀할 수 있었다. 이곳 농촌사람들도 상대적 빈곤감을 느끼고 있었으며, 장가 못간 청년들도 많아서 사회문제가 되고 있다고 했다. 한때 동남아나 한국의 여성과 짝지어주는 캠페인도 벌였으나 그다지 성과를 올리지 못한 모양이다.

저녁식사는 동지나의 해산물과 이곳의 산물을 혼합한 일본의 일류요리였다. 식사 중에 있었던 일본 게이샤의 춤은 일본 고유의 춤과 서양 춤을 혼합한 듯한 춤이었는데 진지해서 좋았다. 이어서 일행들은 내 아내의 회갑을 축하, 깜짝 파티를 열어주었다. 매우 고마웠다. 분위기는 점점 달아올라, 우리들은 노래와 춤으로 즐거운 한때를 보냈다.

다섯째 날

식전 목욕은 더욱 상쾌했고, 노천탕에 누워 흘러가는 구름에 낭만을 실었다. 나는 투숙객들이 느낀 바를 적어놓고 가는 노트에, 다음과 같은 즉흥시 한 구절을 지어서 적어놓았다.

규슈 센다이 온천장 호텔에서

인생은 여행길
사람은 나그네

온 곳도 갈 곳도 모를
그 길을 흘러 흘러
오늘 예까지 왔네

어쩌면 숲들이 이렇게도 푸르를까?
어쩌면 하늘이 저렇게도 높을까?
아! 공기가 너무나도 싱그럽다.
아! 동네가 너무나도 조용하다.

종사원從事員의 친절이 훈훈하고 정겹구나
솟아나는 유황 물이 뜨겁고 시원쿠나
춤추는 무용수, 일본내음 풍기누나
노천탕 하늘에 흘러가는 저 구름아!
너도 나그네, 유랑길 가는구나!

오늘은 다시 북상하여 국립공원 아마쿠사天草를 경유하고 운젠雲仙 온천으로 가는 날이다. 삼각三角이라는 곳에서 아마쿠사의 섬들을 다섯 개의 다리로 연결한 아마쿠사 펄라인Pearl Line 초입인 제1호 교각을 건너, 천문天門에 들렀다. 우리가 건넌 이 다리는 높이가 무려 40미터나 되는 거대한 다리인데, 그 웅장함에 감탄해 카메라를 꺼내지 않을 수 없었다.

점심을 주문해놓고 아마쿠사 진주 상점에 들렀다. 여자들의 마음을 끄는 아름다운 진주였으나 우리들 교원의 처지로서는 그림의 떡이었다. 나는 밖에 나가, 이곳에 서구문명을 선도적으로 도입하는 데 공헌했다는 한 천주교인의 동상이 있는 곳으로 다가갔다. 거기에는 '아마쿠사의 섬 사이에 피어난 저녁노을에 배도 붉게 물들어 사람 낚는다'와 '아마쿠사의 마쓰시마松島는 이 바다에 떠 있도다. 서해는 보랏빛으로 물들어 있는데……'라는 두 수의 시구詩句가 새겨져 있었다.

규슈는 서양문물이 가장 먼저 상륙한 곳이기 때문에 개화기의 우리나라처럼 천주교 박해가 심했던 모양이다. 나가사키를 비롯하여 아마쿠사, 시마바라島原 등에는 순교자의 자취가 남아 있다.

천문식당에 되돌아와 점심을 먹고 버스를 탄 채 페리호에 승선하여 잔잔한 아마쿠사 국립공원의 해상을 미끄러지듯 항해하여 시마바라 운젠으로 향하였다. 푸른 하늘, 푸른 바다, 초록의 섬, 눈부신 태양이 비추는 바다 위를 뛰어넘는 은빛 고기들과 벗하면서……. 손님이 우리 외에 한두 명 밖에 없어서 넓은 선내를 마음대로 옮겨 다니며 경치를 감상도 하고 노래도 부르고 사진도 찍고 하였다.

이렇게 마음껏 즐기는 동안에 시마바라 반도에 다다랐으며, 그곳에서 곧바로 운젠 온천마을로 향하였다.

도착하자마자 유황냄새가 진동하여 코를 찌른다. 지옥순행코스로 안내되었을 때는 수증기와 유황냄새로 어리둥절하였으며, 위험표지판과 접근금지 철책 너머에서 부글부글 끓어솟는 온천물의 김은 부옇게 시야를 가렸다. 알 수 없는 저편의 지옥을 상상하니 등골이 서늘했다. 지하수를 저렇게 끓어오르게 하는 땅 밑바닥은 시뻘건 용암이 흐르고 있을 것이고, 계속 쌓인 가스는 그 언젠가 폭발하여 화산이 될지도 모른다.

공포의 지대! 말 그대로의 지옥이다. 지난 천주교 탄압 시대에 수많은 신자가 저 열탕 속에 던져졌다 하니 생각만 하여도 몸서리쳐진다. 출구에는 끓는 온천 열로 삶은 달걀을 쌓아놓고 호객하는 노파가 있었다. 몸에 좋다기에 일행 모두가 하나씩 사 먹고 호텔로 향하였다. 현관에서 영접하는 처녀들이 수건을 하나씩 건네주며 허리를 구부린다. 지나칠 정도로 친절하다. 짐을 풀고 목욕탕에서 피로를 풀었다. 수질이 좋고 수량이 풍부하다. 저녁식사 시간에는 노래방에서 즐거운 한때를 보냈다. 모두가 명창名唱이다. 우리는 이웃 방의 일본 관광객들의 노래를 압도하였다.

"운젠의 자연은 풍요로우나, 이곳 사람들은 검소하다. 그러나 이곳 음식은 자랑할 만큼 넉넉하고 맛은 수준급이다." 이것은 이 호텔의 선전용 팸플릿에 적혀 있는 말인데, 직접 묵어보니 과장된 말이 아니었다.

이 밤은 이번 여행 코스의 마지막 밤이다. 우리 일행은 그동안 설친 잠까지 모두 합쳐 깊은 잠에 빠졌다.

2-18

가깝고도 먼 쓰시마

8월에 두 번째로 쓰시마對馬島 기행에 나섰다. 첫 번째는 학술단체에 끼어 다녀왔고 이번에는 교육동지들의 문화역사 답사를 돕기 위해서이다. 쓰시마는 원래 일본 오지에 속해서 자연 그대로, 토속 문화를 살펴보러 가는 사람들이 많지만, 우리는 이번에 가려진 우리 역사와, 남겨진 우리 문화를 알아보는 것에 더 큰 목적을 두었다. 즉 눈으로만 보기보다 머리와 마음으로 보는 기행이었다고나 할까.

쓰시마는 우리나라와 매우 가까운 일본 섬이다. 우리는 10시 30분에 부산항을 떠나 2시간 20분만에 이 섬 남단의 이즈하라 항에 도착하였다. 북단에 있는 히다가쓰 항까지는 50분 정도 걸리는 거리인데 긴 섬 해안을 따라 남단까지 가는 바람에 시간이 더 걸렸다. 저번 여행길에 이어 잔잔한 바닷길을 내어주어서 한여름 해상의 시원함을 만끽할 수 있었다. 검푸른 쪽빛바다를 바라보며 동행인과 담소하다 보니 2시간이 넘는 시간도 길지 않게 느껴졌다.

북단에 있는 한국전망대에서는 날씨가 좋은 가을이나 겨울에는 거제도와 부산시의 윤곽이 드러나고 밤이면 부산 야경이 그림처럼 보인다고 한다.

쓰시마는 우리 문화가 숨 쉬고 우리 역사의 흔적이 많다.

먼저 쓰시마의 역사 민속 자료관에 가 본다. 고문서 소장과 기록물의 정리가 잘되어 있기로 알려진 이곳에 발을 디디니, 대뜸 조선통신사 행렬 두루마리 그림이 눈을 끈다. 단아하고 화려한 그림이다. 위엄 당당한 팔인교八人轎 위의 조선 정사正使와 관인, 신을 신은 듯 만 듯한 호위 왜인倭人이 하나하나 선명하게 묘사되어 있다. 그 밖에 약탈품인지 전리품인지 부산요에서 만든 귀한 찻잔茶碗, 향응 요리그림, 고려청자, 부산의 왜관倭館 그림이 잘 진열되어 있다. 전시관 안내문의 "대마도의 문화는 조선반도와의 교류사를 빼고는 생각할 수 없다"란 말이 실감이 났다.

자료관 문 앞에 가라몽高麗門이 있다. 고색이 창연할 뿐 흠집이 없다. 맞배지붕 고려의 건축물이 의연하게 서 있다. 나도 이에 빨려들었다. 짙어 가는 녹음 속에서 훤칠한 조선통신사비가 우리를 쉬어가라 한다. 300~500명씩 열두 차례나 다녀간 조선통신사, 이들은 거의가 일단 이곳에 머물다가 이동한 것이다. 나는 잠시 서성이며 그 옛날 그 통신사 행렬모습을 상상해보았다.

슈젠지修繕寺에 갔다. 최익현 선생의 순국비를 찾기 위해서다. 이 절은 절이라기보다 공동묘지라는 느낌이 들 정도인데, 초입에 대한인최익현순국비大韓人崔益鉉殉國碑라고 쓰인 비가 우리들의 눈을 집중시킨다. 일동은 참배와 묵념을 올렸다. 1985년에 한일양국의 유지들의 힘으로 세운 것이란다. 구한말 평생 구국항일 투쟁을 하다가 이곳에 잡혀와, 갖은 고초를 겪다가 끝내 옥사하고 이 절에서 장례를 치러야만 했던 최익현 선생, 한국 사람은 통분을 이기지 못했고 이곳 사람도 가슴 아파하며 숭고한 우국애민정신을 기렸을 것이다. 그분은 끝까지 적국의 음식이라 하며 음식을 거부하면서 충성과 절개를 보여주었다 한다. 일행은 숙연하였다. 순국비는 8월의 강렬한 태양 빛에 유난히도 빛을 내고 있었다.

반쇼인萬松院 본당 입구 한 귀퉁이에 덕혜옹주 성혼비가 있다기에 가보았다. 망국의 왕족이란 이유만으로 낯설고 물 설은 이곳의 소宗 씨와 정책결혼을 강요당한 덕혜옹주의 기념비인 것이다. 그런데 이 비가 무참히 쓰러져 나뒹굴고 있었다. 때가 묻고 잡초로 뒤범벅이 되어 있는 게 아닌가. 이 분의 천추의 한과 불행한 생애를 그대로 대변해주는 듯하여 발길이 무겁고 가슴이 아렸다. 반쇼인은 600년간 이곳을 통치한 소宗가의 묘지가 있고 도쿠가와 막부 장군들의 위패가 안치되어 있다. 이곳에는 조선국왕이 보냈다는 청동의 삼구족三具足(제례용기), 고려불상(관세음보살반가상), 고려의 경문經文 등이 소장되어 있다. 특히 삼구족은 조선공예 걸작품으로 방송해설에서도 강조해서 설명하고 있었다. 그리고 경내에 있는 수백 년 묵은 삼나무가 우리들의 입을 벌리게 했다. 천연기념물다운 거목의 위용이다.

번주藩主와 명사들의 묘가 가득한 조주인長壽院 가는 길에 아메노모리호주雨森芳州 묘라는 돌비석이 있고 우리말을 병기한 간판이 있다. 이 사람은 주자학자이며 외교관으로 우리나라와의 선린외교에 남다른 공이 있었다고 한다. 속이지도 다투지도 않고 진실하게 교류한다는 뜻의 "성신지교인誠信之交隣"이란 비문이 선명하다. 노태우 전 대통령이 방일 시 오늘의 국교에서도 거울삼자고 거론하여 더 유명해졌다고 한다.

길이 좁아 도보를 주로 하다 보니 길모퉁이 몇 군데에서 농산물 무인상점이 눈에 띈다. 먹고 남는 농산물을 정성껏 손질

하고 봉지에 넣어서 진열해놓으면, 사고자 하는 사람이 정직하게 100엔짜리를 돈 통에 넣고 가져가는 장치로서 정직사회의 상징이라 할 수 있다. 부러운 나머지 카메라에 한 컷 담았다. 러·일 전쟁 직전, 일본해군의 군함 출입을 위해 인공운하를 만들어 하나의 섬을 두 섬으로 나누었으며 운하는 위에 유명한 만제키万關 다리를 놓았다. 이 다리 위에서 힘 있게 흐르는 물살을 내려다보았다.

잠시 후, 아소우淺茅 만의 절경을 볼 수 있는 에보시다케烏帽子岳 전망대에 올랐다. 계단이 많은 만큼 전망이 좋다. 바다 안개로 희미해진 수평선에 감싸인 섬들이 누워 숨 쉬는 듯, 오순도순 둘러앉아 속삭이듯 어우르고 있다. 그리고 눈부시게 햇살을 반사하는 잔물결이 아소우 만의 아름다움을 노래하고 우리를 환영하듯 반짝인다.

한참 되돌아 내려가니 와다쓰미和多都美 신사에 이른다. 바다 쪽에서 다섯 개의 문(도리)이 줄맞춰 육지에 이어지는 부분이 이채롭다. 이곳에는 일본의 건국신화가 깃들여져 있고 일본 황실의 계보를 말해주는 근거지라고 한다. 재미있는 것은 이곳이 세형동검이나 말방울 등의 청동기와 철기 그리고 경질 토기 등 우리 조상들의 유물과 똑같은 것이 많이 출토되는 바다즈미和宮 해안 근처라는 점이다. 그리고 쇼와昭和와 헤이세이平成 일왕 부부가 여기에 다녀간 기록이 있는 것을 보면 일본 왕실 족보와 밀접한 관련이 있음을 짐작케 한다.

급커브가 이어지는 길이 계속되었다. 마침내 바다를 향해 우뚝 서 있는 박제상朴堤上 순국비 앞에 버스가 세워졌다. 신라시대에 왜에 인질로 감금되었던 왕자를 구하고 자신은 잡혀서 극형을 당한 박제상의 지혜와 충성심을 되새겨 본다.

쓰시마는 자연이 잘 보존되어 있는 곳이다. 공항호텔에서 곤하게 잠을 자고 있는데 매미 소리에 잠이 깨었다. 창문 커튼을 걷고 보니 어둠이 걷히기 시작한 새벽이었다. 까마귀들은 회목과 전봇대를 옮겨 다니며 깍깍거리고, 빽빽이 우거진 삼나무 위 하늘에는 솔개 두세 마리가 날개를 있는 대로 펴고 고개를 유연하게 조아리며 날고 있다. 어디서 모여 들었는지 고추 잠자리 떼가 시야를 어지럽힌다. 아까 가이드가 모기에 주의하라고 한 걸 보면 모기도 꽤 있는 모양이다. 그러고 보니 어제 낮에 길바닥에는 어릴 적 등·하교 길에 쫓아가면 날아가고 날아가다 또 나타나던 이름 모를 곤충이 즐비했었다. 가을이 되면 이곳에만 있는 조선매미들도 '지—지' 하고 한바탕 울어댄다고 한다. 이곳은 뭇 곤충과 벌레와 야생짐승의 천국인가 보다. 산꼭대기에서 내뿜는 한 다발의 연기. 알고 보니 이 지방의 소각장이란다. 저지대의 민가에 공해를 줄여주자는 지혜인 것 같다.

전날 휴게소에서 작은 키에 검은 눈썹과 구레나룻 얼굴의 현지인과 대화를 나누었다. "나는 한국에서 온 관광객인데 말 좀 물어 봅시다." "예 진작 알고 있었습니다. 우린 부산에 자주 가며 한국 친구 많아요. '친구'라는 한국말 여기서도 쓰고 있어요." "이곳의 자랑이라면 어떤 것이 있나요?" "예, 보시다시피 산이 푸르고 지하수를 그대로 마실 수 있는 청정지역입니다." 그들은 순박해 보였다. 자연보호하고 환경을 중시하는 이 지방의 분위기가 마음에 들었다.

쓰쓰자키 등대공원에서 바다에 씻기고 산에 부대낀 단애斷崖 절벽과 탁 트인 바다를 감상하고 아유모도시 자연공원으로 이동했다. 그곳에는 그림같이 꾸민 특색 있는 집이 있었다. 뜰에는 여러 모양의 연못과, 그 안에서 노니는 희귀 어종들이 있고, 곳곳에 진귀한 나무와 꽃이 심어져 있었다. 이 정원 가옥은 점과 선과 면이 입체로 잘 어우러진 마치 하나의 예술 작품 같았다. 이곳이 우리일행의 점심 식당일 줄이야. 메뉴도 고구마 국수(로구베)란다. 이곳의 버섯과 닭고기 국물에 고구마 녹말국수를 말은 것이다. 로구베 요리는 향토음식으로 개발해낸 아이디어 식품이기에 우리는 한층 호기심을 가지고 맛있게 먹었다. 쓰시마하면 고구마를 떠올린다. 조선통신사로 왔던 조엄 선생이 이곳에서 고구마를 처음 가져왔다는 점과, 고구마는 효심을 뜻하며 효행감자(꼬꼬이모)라고 한다는 점에서다. 이렇다보니 이 섬 지도조차 내 눈에는 고구마 모양으로 보인다.

마지막 날 저녁식사 후에 여흥시간을 가졌다. 분위기가 무르익을 무렵 우리 모두는 아리랑민족으로서 '아리랑' 노래를, 무궁화 나라 국민으로서 '무궁화' 노래를 두세 번 소리 높여 제창하였다. 우렁찬 노래 마당을 지켜보던 호텔가족 일본 사람들도 덩달아 손뼉 치며 하나가 되어주었다.

3

서성이며 생각하며

3-1

제3인생

정년퇴임과 때를 맞추어 분당 신도시 고층 아파트로 이사 온 지 3년째에 접어든다. 이 아파트는 한 면은 북동향이고, 한 면은 남서향이기 때문에 연중 해가 뜨고 지는 모습을 비스듬히 볼 수 있다. 그런데 내 집에서는 동쪽으로 아파트 한 채가 가려서 갓 뜨는 해를 보기 어렵고 반면에 남서쪽은 훤히 터져 있기 때문에 서녘 하늘의 저녁 해는 연중 볼 수 있다. 이런 환경 때문인지, 내 나이 탓인지는 몰라도 저녁 해를 바라보는 것이 버릇처럼 되어가고 있다. 요즘은 옮겨가는 일몰日沒 자리를 보고 절기를 알아맞힐 정도가 되었고, 저녁 해에 대해 일말의 정감情感마저 느끼게 되었다.

아침 해를 찬란하고 약동적이라 한다면 저녁 해는 황홀하고 엄숙하다고나 할까. 더 가만히 들여다보면 저녁 해는 참됨眞, 착함善, 아름다움美, 성스러움聖이 함께 깃들어 있는 것 같다. 우주의 법칙에 따라 어김없이 움직여 대자연에 일정한 질서를 만들어 진여眞如의 이치를 말하는가 하면, 변화의 대원리를 살려 지루함을 느끼지 않게 한다. 해지는 자리가 늘 바뀜은 물론 철이나 날씨에 따라 햇빛의 강렬함이 다르고 또한 그 윤곽의 뚜렷함이 다르며 크기도 달라 보인다. 저녁 해와 함께하는 저녁노을은 더더욱 다양하다.

저녁 해는 아침 해에 못지않은 빛과 따스함 그리고 열정을 보여준다. 쓸쓸히 기울고 식고 소멸되어가는 그런 것이 아니라, 무엇인가를 거두는 희열과 앞으로 다시 시작할 수 있는 열정과 의지와 저력을 보여주는 듯하다. 지나간 아침 해를 뒤돌아보게도 하지만 내일의 아침을 약속하게도 한다. 바꾸어 말하면 "끝이 곧 시작"이라는 이치를 깨닫게 한다. 그뿐 아니라 저녁 해는 꼴을 지고 소를 모는 농부에게도, 자라는 초목에도, 영글어가는 오곡백과에도 따뜻한 마지막 순간의 정을 쏟는다. 그에겐 무한한 사랑과 보시普施가 있을 뿐 자랑과 오만이 없다.

노후생활을 인생의 황혼이라고도 한다. 그러나 나는 황혼이란 말에는 어둑어둑하다, 기운다, 식어간다, 무기력해진다는 뉘앙스가 있어 별로 좋아하지 않는다. 그보다는 정열과 멋과 희망이 깃들어 있는 저녁 해에 비유함이 좋을 것이라 생각한다.

인생의 단계를 부모 슬하에서 자라는 제1인생, 부모로부터 독립하여 가정을 갖고 사회에서 활동하는 제2인생, 정년 후 일하고 활동할 수 있는 제3인생, 일도 할 수 없고 움직일 수도 없는 제4인생으로 나누는 구분법이 있다. 이때 적어도 제3인생을 황혼으로 비유하는 것은 걸맞지 않다. 제3인생은 인생의 황혼이 아니라 황홀한 저녁 해와 함께 하는 '황금기黃金期'인 것이다. 자각과 자기 결정의 능력을 가진 원숙함 속에서 자유롭고 여유 있는 생활을 할 수 있으며, 멋지고 보람된 삶을 누릴 수 있는 귀중한 시기이기 때문이다. 듣기로 이 시기를 선진국의 경우 약 15년간으로 보는데, 우리나라도 이 수준에 꽤 근접하고 있지 않나 싶다.

제3인생은 저녁 해와 같이 좀 더 참되고, 착하고, 아름답고, 성스럽게 살아갈 수 있는 좋은 시기로 생각된다. 저녁 해의 황홀함처럼 더 열정적이고 힘이 있게, 의젓하고 은은하고 원숙하고도 의연하게, 그 선함처럼 베풀고 이바지하는 삶을, 그 미려美麗함처럼 멋지고도 아름다운 제3인생을, 그 성스러움처럼 영원의 삶이 되게 노력하는 황금기 인생을 나는 예찬하고 싶다.

우리 둘레에는 인생의 저녁을 잘 살면서 한 걸음 나아가 활력 있는 인생의 아침까지 사는 이가 있다. 예를 들면 84세의 성천星泉 선생은 모든 재산과 쌓아온 지식과 경륜을 국가 사회에 환원할 목적으로 성천 아카데미 문화재단을 설립하여 후학을 기르고 있다. 동서양의 고전과 현대 및 미래에 대한 사상과 이론을 발굴, 보급하는 것으로 제3인생을 꽃피우고 있다. 강의실에 걸린 액자의 글귀가 떠오른다.

'깜짝하는 삶이어니 부지런히 살을 것이, 단 한 번의 삶이어니 의젓이 살을 것이, 영원의 삶이어니 참되게 살을 것이.'

82세의 전직 대법관인 기奇 옹은 공자의 '학이시습지 불역열호學而時習之 不亦說乎'를 생활신조로 실천함으로써 제3인생을 꽃피우고 있다. 강의 듣고 익히는 일로 노익장老益壯을 이루노라 자랑도 하고, 자칭 '젊은 오빠'라 불러 젊은 동호인을 웃기기도 한다. 노쇠老衰는 찾아볼 수 없고 노숙老熟만이 풍기는 분이다.

이 밖에 서재와 강당에서 등산과 여행길에서 혹은 수영장과 바닷가에서, 극장과 문화가에서 참되고 아름답게 사는 분들을 더듬어본다. 그리고 나눔과 봉사의 신앙생활, 혹은 건전한 삶의 철학으로 착하고 성스럽게 사는 몇몇 분을 헤아려본다.

그리고 나 또한 '더 많이 움직인다. 끊임없이 배운다'라는 자작 가훈을 실천하여 제3인생을 꽃피우겠다고 다짐해본다.

생각에 잠겨 있다 시야를 돌려보니, 저녁노을 사라진 저 너머 학교 운동장에서는 몇몇 학생들이 농구를 하고 있다. 땅거미가 지는 것도 모르는 듯 통통 공을 튀기며 이리 뛰고 저리 뛴다. 공처럼 튕기는 젊은이들의 뜀뛰기가 보기 좋다.

3-2

분갈이

나는 정년퇴임과 때를 같이하여 베란다에 있는 화분을 분갈이하였다. 아니 분갈이하지 않으면 안 될 지경이었다.

그러니까 10여 년 전에 들여놓은 부겐빌레아 화분인데 8년 전에 한 번 분갈이 한 후 오늘에 이르렀으니 말이다. 그런데도 나름대로 봄이면 분홍꽃으로 봄의 기쁨을 안겨주었고 여름이면 푸른 잎으로 생명력을 엿보게 하였다. 염치없이 들여다보고 있노라니 시나브로 자란 넝쿨에 상대적으로 작아진 분이 못 견디게 숨 막혀 보인다. 마침 직경 1.5배가량 되는 빈 화분이 있어 옮겨 심기로 하였다. 먼저 뿌리 안 다치고 충격을 덜 주기 위하여 물을 듬뿍 준 후 한참 있다가 덩어리째 뽑아내었다. 순간 허옇게 노출되는 뿌리들이 서로 얽혀 있는 것에 놀란다. 얽히고설킨 뿌리가 온통 망을 이루고 있다. 흙이 반 뿌리 반이다.

어떤 뿌리는 화분 벽을 뚫고 나가려고 몇 번이고 시도한 듯하다. 몇 차례 박치기를 해서 피맺히고 부어오른 레슬링 선수의 이마처럼 끝이 무디어지고 못 박혀 있는 것이 있는가 하면, 어떤 것은 운명을 수용한 듯 방향을 바꾸어 뻗어간 것이 있다. 그런가 하면 새로이 도전할 양으로 노란 새 뿌리가 돋고 있다. 당장은 연약하지만 기세가 당당해 보인다. 어떤 뿌리는 갈 데까지 가고 뻗을 데까지 뻗고 보자는 듯 유심히 길게 길게 뻗은 것도 있다.

굵은 밑둥의 뿌리는 의연하다. 갖가지 뿌리뿐 아니라 줄기와 잎을 지탱하는 중추적 역할을 하고 있다. 인고의 흔적과 투쟁의 흔적이 역력하다. 많은 뿌리들을 다시 살펴본다. 저마다 나름대로 자신뿐 아니라 줄기, 잎, 꽃을 부양할 사명에서 갖은 수단을 다하고 있는 그 모습이 가상하다.

새 화분 안에 살며시 앉히고 가장자리를 공들여 준비한 부식토로 메꾸었다. 심어진 부겐빌레아는 공간 확보가 불충분하고 장벽 없는 삶의 터전은 못되지만 생기를 되찾아, 희망의 시 한 줄을 읊는 것만 같았다.

베란다 창가에서 서성인다. 어렸을 때와 젊었을 때의 내가 너무나 선명하게 기억난다. 주마등 같이 중일전쟁, 2차 세계대전, 한국전쟁, 수탈당하던 일제강점시대……. 가난과 고난의 울부짖음이 이 나라를 뒤덮고 한쪽에서는 이것도 나타낼 기력조차 없는 처지의 군상이 늘어져 있었던 그 당시.

내 가정은 엎친 데 덮친 격으로 나락으로 떨어져 있었다. 이제와 생각하니 다름 아닌 지옥이었다. 재기 불능의 어버이 아래 나는 7남매의 장남이었다. 고생이 이만저만 아니었다. 지금까지 살아남은 게 기적이고 천운의 수혜자임에 틀림없다. 이 나라 이 시대에 감사할 따름이다.

뒤엉킨 화분의 뿌리 모습이 지난 고난의 세월을 살아 온 나를 보는 것 같다. 지금까지 분갈이를 해주지 못해 미안한 마음이 든다.

한편 어머니의 얼굴이 선명히 떠오르고, 어머님의 은혜가 그립다.

시인 정대구의 〈뿌리의 노래〉가 생각나니, 나를 감읍感泣의 지경에 이르게 한다.

자신이 광을 내면
나무가 죽는 줄 이미 알고
완강히 빛을 거부하고

자유공간을 거부하고

더 깊은 어둠 속 뚫고 들어가

끝끝들이 살을 밀어 올려

목숨 건 침묵의 노래

뿌리들의 합창

세상을 푸르게 한다

3-3

서성이며 생각하며

아주 오래 전에, 그러니까 한국전쟁 직후가 될 것이다. 시골에서 초등학교 졸업반을 담임한 적이 있다. 그때의 제자들이 훗날 졸업 60주년 기념 모임을 가지면서 간곡히 초청해주었다. 아이들이 학교에 다닐 당시의 교장, 교감 선생은 타계하셨고, 다른 선생 몇 분은 생존 여부를 확인할 수 없고, 오직 나만이 연락 가능하다 했다. 그때의 제자들이 벌써 일흔이 넘었고, 자신들의 동창들이 죽거나 행방불명의 상태라 필히 참석해달라고 간청해왔다.

나는 기꺼이 참석했다. 졸업생은 70명 정도였는데 그 절반 정도가 모여 있었다. 모두가 반가워했다. 그러나 얼굴도 잘 알아보기 힘든 할아버지 할머니들이었다. 사제가 함께 늙어 있는 현장이다. 많은 추억담과 형형색색의 인생변천의 화제가 그 장소를 가득 채웠다. 스승의 그림자도 밟아서는 안 된다는 그 당시의 정서를 그대로 갖고 있는 제자들을 보니 감격적이었다.

제자들을 보니, 고맙고 미안하고 여러 가지 감정들이 목구멍까지 차올랐다. 인생 이야기를 하며 술잔을 기울였다. 그렇게 즐거운 만남이 끝나고, 이별의 시간에 서로서로 악수하고 안아주고 하였다. 제자들은 다음에 또 뵙기를 희망하며 아쉬운 마음을 감추지 않았다.

귀로의 차내에서 새삼스럽게 인생무상人生無常 화무십일홍花無十日紅 일생일장춘몽一生一場春夢의 성어가 되뇌어지곤 했다. 흔히 하는 말이지만 그 강도가 다를 따름이다.

그런데 나는 과거에 매몰되는 것을 금기禁忌한다. 어려서는 미래에, 젊어서는 현재에, 늙어서는 과거에 집착하는 경향이 있다하지만 나는 비록 늙었지만 현재를 중시하려고 노력하는 편이다. 뭐니 뭐니 해도 지금이 가장 중요하기 때문이다.

이즈음 늙어서인지 시간이 여유가 많이 있어서인지 때때로 곳곳에서 서성이며 여러 가지 생각을 하곤 한다. 이를 간단히 메모하곤 하였다. 이를 순서 없이 다음에 적어본다.

텃밭에서

흙냄새와 햇볕과 식물과의 호흡.

자라는 식물을 보고 생에 대한 희열, 오묘한 자연 감지.

소요하며

나는 무엇을 좋아하며 무엇에 능한가?

노래 : 〈방랑시인 김삿갓〉과 〈내 마음 별과 같이〉

그림 : 〈벽을 쌓는 젊은 부부〉

전공 : 인생 과정에 맞추어 교육학 → 교육행정학 → 박물관학 → 동서양 인문고전 → 수필문학 → 철학 (문을 두드리는 정도)

나는 학자가 아니고 생활인이다. 한 우물 파서 성공한 학자나 전문인은 못되었지만 내 인생을 윤기 있게 적시고 꽃피우고 살찌우는 수완으로 만족한다.

바다를 바라보며

마냥 바다를 바라보며

넓고 넓다

푸르고 푸르다

벽돌 쌓는 젊은 부부.

잔잔하고 잔잔하다

저 바다에 바람이 더해지면
온통 출렁이고 파도가 친다
쓰나미가 닥쳐오고 세상을 삼킬 기세
보이기도 한다

잔잔한 넓은 바다

잿빛 하늘 아래 함박눈이 온 바다를 덮는다 그러나

바다를 바라보며.

그 순간 모두 녹아 바다에 흡수된다
바다는 깊다
지상의 최고 높은 에베레스트 산을 뒤집어 넣어도
바닥에 닿지 않는 깊은 곳이 있단다
분간키 어려운 어두움이 도사리고 있다

변화무쌍하고 신비로운 바다
흡수력 포용력 생명력이 넘치는 바다
마냥 바라보며 음미해본다

눈 쌓인 벌판에서

어제도 혼자 오늘도 혼자.

내일도 혼자라는 엄연처지에서

이런 저런 생각이 떠오른다.

기차를 탄 느낌이다.

과거에서 도망치듯 많은 이야기를 싣고 달리는 기차!

도달하려는 종착역이 어디인지 역명도 거리도 위치도

잘 모른 채 그저 달리고 있는 기차다.

속도도 일정하지 않고 조종할 방도가 없는 그런 기차다.

그러다가 황혼의 길모퉁이를 걸으면서 혹은 걸으면서

서성이면서 생각에 잠긴다.

삶과 죽음의 경계선이 희미하게 보이는 지점이다.

산길 바위 위에 앉아서

많은 사람들이 나에게 던지는 질문에 대해서이다.

나의 대답에 싱긋 웃는 사람,

고개 갸웃거리는 사람도 있지만,

나이는? 잘 모르겠는데요, 잊은 듯 하고.

과거 하던 일은? 별거 아니고 놀았다고나 할까요.

고향은? 대한민국이지요.

흔히 85세가 넘어 다 같이 죽음을 앞둔 사람들
분위기에 맞춘 문답이다.

계곡 가에 앉아서
미친 듯이 돌아다니던 여행.
문화답사 했던 일이 주마등처럼 떠오른다.
다녀온 곳 중에 인상적이었던 곳이 있다.
두뇌 속의 스크린에서 번쩍인다.

둔황의 막고굴 벽화
만리장성의 장대함
중국 국립도서관의 섬세한 작품과 거대한 전시물
아스완 댐의 엄청난 규모
멕시코 박물관의 거대한 규모와 방대한 소장품
마추픽추의 불가사의한 내력과 석조물
유럽의 근·현대 찬란한 문명
미국의 풍요와 저력
운젠 온천의 지옥천
갠지스 강변의 화장장과 빨래터
그랜드캐넌의 신비와 고대문명

유럽의 여러 나라를 둘러보다. 왼쪽 위부터 시계 방향으로 런던, 파리, 베니스, 소렌트 등.

유럽 여행 중 그루지아의 성벽 앞에서.

피라미드

호주의 광대한 초원과 양떼

러시아의 우주박물관 견학과

가가린이 탔던 우주선 몰래 타기

인도의 사원들(연꽃사원·타지마할)

세계 문화 답사를 주제로 한 텔레비전 프로그램 방영 시 나와 함께 해주는 추억들이다. 여행에서 얻은 자산이 동원되는 한때를 즐긴다. 여행에서 깨달은 백문불여일견百

러시아 우주박물관에서 가가린의 우주선에 몰래 타다.

聞不如一見, 백견불여일행百見不如一行이란 말이 생동감 있게 다가온다.

호젓한 산길에서

지난날을 반성하는 날개가 활개 친다. 첫째로 불효 반성. 둘째로 사회, 국가에 대한 보은 결여. 셋째로 친척, 지인과의 유대, 관계 돈독 미흡 등 꼬리를 문다.

그러다 이런 것들을 뒤집어도 본다.

노인은 소년 시절의 미래지향성과, 젊은 시절의 현실지향성과, 오랜 시간 축적된 삶의 궤도를 가지고 있지 않은

(왼쪽, 가운데) 타이 여행 중의 즐거운 체험.
(오른쪽) 중국 만리장성에서.

가. 그러니 후회할 것도 많고, 자화자찬할 일도 많다. 반성은 하되 후회는 하지 않을 요량이다.

나는 지금 이 곳, 이 사람을 가장 중시하는 마인드를 가지려 한다. 마침 달 없는 사막에 달빛을 비추고 불 꺼진 항구에 불을 비추는 듯 노인 생애를 도와주는 N. C.가 있지 않은가 하고 생각을 바꿔 활기를 되찾아본다.

눈 덮인 시골 들판에서

눈 덮인 시골 들판
너무 깨끗하다

너무 싱그럽다
그리고 너무나도 고요하다

맑고 파란 하늘을 수놓듯
까마귀 너덧 마리가 날아간다
까악까악 소리치며 날아간다
그리고 소통하자는 듯 날갯짓한다

정결한 침묵의 시골 들판

3-4

호박꽃

예쁘지 않은 여자를 빗대어 하는 말에 "호박꽃도 꽃이냐?"라는 말이 있다.

호박꽃이 어떤 연유로, 하고많은 꽃 중에서 못 생긴 꽃으로 대표되었는지 모르겠으나, 이 말이 국어사전에까지 수록되어 있는 걸 보면 우리 생활 주변에 적잖이 일반화되어 있는 것으로 볼 수 있다.

한데 나는 요 몇 해 잡초만이 위세를 부리는 교외의 공한지에, 호박을 심어 가꾸는 일을 취미삼아 하고 있다. 우선 산에서 얻은 부엽토와, 산기슭에서 짐승을 기르며 사는 오두막집에서 얻어온 거름을 흙과 혼합한다. 그것을 큼직하게 판 구덩이에 메우고 호박 모종을 사다가 그 위에 심는다. 뿌리가 내린

다음부터는 어느 농가 호박에 질세라 실한 넝쿨이 날이 다르게 자란다. 예부터 한참 흥할 때를 일러 '호박 넝쿨 뻗을 적'이라 은유해온 이유를 알 만하다. 짱짱하게 뻗은 넝쿨 사이로 어느새 샛노란 호박꽃이 하나둘 피기 시작한다. 어떻게 알았는지 여기저기서 벌, 나비가 모여든다. 그중에서도 호박벌이 반기며 찾아온다. 꽃 속에 들어가 온몸에 꽃가루를 뒤집어쓴 채 꿀 따기에 열중한다. 장난꾸러기 동네 아이들이 꽃잎으로 싸잡아 생포해가도 모를 정도로 열심히 역사役事한다.

호박꽃은 호박벌과 같은 곤충의 덕분으로 하나둘 열매를 맺는다. 여름이 무르익어가면서, 커다란 호박잎에 송송 맺힌 아침 이슬을 털어내고 애호박을 찾는다. 한두 개씩 따다가 아내에게 갖다 주면, 아내는 흐뭇한 미소를 짓는다. 꽃은 연달아 피고지고, 꽃 아래엔 방울처럼 호박이 달린다.

시원한 가을바람이 불기 시작하면 꽃은 더욱 활발히 피고 많은 열매를 맺는다. 매일같이 윤기가 잘잘 흐르는 애호박을 몇 통씩 따다가 이웃과도 나누어 먹는다. 아침 산책 겸 호박을 따러 가는 게 여간 재미있는 것이 아니다. 그러나 잎에 가려져서 따지 못했던 호박은 그대로 커서 늙은 호박이 된다.

가을이 짙어져 된서리가 내리게 되면, 잎은 비록 시들어가지만 소담스러운 청둥호박들이 가을하늘 아래 여기저기 뽐내며 뒹군다. 넉넉한 가을은 더욱 풍요로워진다. 근래에 와서 늙은 청둥호박은 인기가 높다. 영양 가치가 있음은 물론 약재로도 쓰인다 하여 이웃에 나누어주면 모두들 좋아한다. 호박고지가 되어서 겨울 입맛을 돋우고, 호박죽·호박떡·호박범벅으로 별식의 식탁을 장식하거나, 긴 겨울밤에 호박씨 까먹는 재미도 쏠쏠하다.

이렇게 유종의 미까지 거두게 하는 호박꽃인데 괄시를 받는 것이 안타깝다. 기실 가만히 살펴보면 아름다움에 있어서도 산뜻하고 화려하지 않으나, 두툼하고 투박한 가운데 소박하고 수수한 느낌을 주어 그런대로 좋다. 호박벌이 오로지 좋아하는 만큼 손색이 없는 꽃이다.

시류時流인지 필요조건인지 요즘 사람들은 이런 저런 모임이 잦다. 특히 여자들에게는 근래의 급격한 생활 변화의 하나로 등장한 현상인 듯싶다. 낮에 친구들에게 전화 연락을 해보면 번번이 부재중이고, 마지막으로 다리 골절로 집에 있으려니 믿었던 친구마저 부재중이었다는 우스개도 오갈 정도다. 우리 집은 좀 덜한 편 같은데 아내가 집을 비우는 일이 종종 있다.

그런데 다녀올 때의 표정이 더러는 저기압이고 심한 경우에는 입이 툭 튀어나와 있음을 본다. 잘 산다는 친구네 집들이에 다녀온 날이었다. 아마도 고급스러운 집 꾸밈이나 친구들의 수준급인 옷차림과, 재산 자랑, 남편 자랑, 자식 자랑에 짓눌려서 움츠려진 대신, 그것이 입술로 죄다 옮겨 불거져 나온 게 아닌가 하고 짐작해본다. 묻는 말에 제대로 대답도 하지 않고 부엌으로 들어가버리는 아내의 뒷모습을 볼 때, 내 무능을 탓하기 전에 기분부터 상하니 나의 수양 부족 탓이리라.

잠시 후, 하는 수 없이 분위기 바꾸는 방도를 생각한다. 문득 "비교하지 말아라"라는 장자의 말씀이 머리에 떠오른다. 인간인 이상 남과 나를 비교하게 되는 것은 자연스러운 일이고, 하지 말래서 안 하게 되는 것도 아니겠지만, 이것을 경쟁적 입장에서 받아들이지 말고, 오직 하나밖에 없는 자기를 발전적으로 보충하는 상보相補의 입장에서 비교하라는 뜻이라는 것, 인생은 어차피 하나의 인격체로 성장하는 과정이니 부질없이 남을 의식하지 말고 자기의 특성과 처지를 꽃피우도록 노력하라는 교훈의 말이다. 나는 이 점을 아내에게 강변하였다. 그러나 아내는,

"당신은 원래 여자 마음을 모르니까……."

"……."

내친 김에 호박밭을 오가던 밭두렁과 논두렁이나 등산 길섶의 저마다 자기를 꽃피우고 있는 뭇 야생화를 상기시키며, 호

박꽃이 장미꽃이 될 수 없고 튤립이 호박꽃이 될 수 없는 것이 천리일진대, 우리들도 남과 비교하여 부질없이 자기를 비하할 필요가 있겠느냐고, 변명 아닌 변명도 한다.

"식물은 식물이지 사람과 같은가요?"

"……."

그도 그렇지만 공통되는 속성이 있다는 것뿐인데……. 이번에는 호박꽃처럼 우리에게도 우리 나름의 것이 있다고 위로의 말을 주고받다 보니 어느새 밤이 깊어간다.

며칠 후, 아내는 아침식사를 하면서 이번에는 측은한 둘레 사람들의 이야기를 꺼낸다. 돈과 아들 때문에 속 끓이는 K 친구, 남편과 시집 식구 때문에 스트레스 받고 있는 B 친구, 남편과 사별한 후 성인병으로 고통 받고 있는 L 친구 등의 이야기를 하면서 모든 면을 다 갖춘 사람이 없음을 수긍한다. 더구나 이런 사정은 나이 들어가면서 호전되기보다는 악화되는 경우가 더 많으니, 안타깝다는 것이다. 인생에 있어 늦은 나이의 팔자가 더 중요함을 공감한다.

화제는 호박 농사 이야기로 바뀐다. 호박꽃의 소박하고 듬직함, 서로 뗄 수없이 도와가면서 살아가는 호박꽃과 호박벌 사이, 뽐내지 않으면서 나름대로의 맺음과 남김을 다하는 미덕……. 마침 밥상에 차려놓은 맛난 어린 호박잎쌈을 먹으면서 '호박이 덩굴째 굴러오는 행운'도 기대해보고, 호박처럼 알알이 속 채워가며 둥글둥글 살아 나아갈 여생을 생각해본다.

결혼 초부터 화장에 별로 신경 쓰지 않고 60고개를 넘긴 아내가, 거실에 있는 큰 거울 앞에서 주부 클럽에서 주최하는 강연회에 참석할 채비를 한다. 여느 때처럼 모양을 낸다기보다 머리 빗질 정도의 외모관리이다. 나는 "호박꽃도 꽃인가요?" 하고 농을 건다. 아내는 입을 약간 삐죽이며 "꽃이지요" 하더니 현관문을 나설 때는 환한 표정으로 뒤돌아본다.

3-5

수어지교 水魚之交

"시간 됐어요. 어서 일어나세요." 아내는 말로만으로는 안 되겠는지 나를 흔들어 깨운다. 6시까지 수영장에 입장하려면 여간 서둘지 않고서는 안 된다.

앞장서는 아내는 2년 남짓의 수영 경험을 가졌지만 나는 초년생으로 흔히 말하는 맥주병이다. 그러나 수영이 건강에 좋은 운동이라고 들어온 데다 마침 집에서 10분 정도의 거리에 새로 스포츠센터가 생겼고, 정년퇴임 후 앞으로는 부부가 함께 하는 시간을 더 가져보자는 생각에서 그 스포츠센터의 수영장에 나가기로 약속을 한 터이고 보니 일어나기 싫어도 어쩔 수가 없었다.

첫날의 동짓달 새벽길은 어둡고 추웠다. 그뿐 아니라 생전 처음 탈의실에서 수영복으로 갈아입는 어색함과 낯선 남녀가 물속에 함께 들어가는 쑥스러움, 그리고 수영장 물의 차가운 체감과 젊은 코치의 수영에 대한 생소한 설명 등, 모두가 나를 서먹하게 하고 긴장케 하였다.

그로부터 약 두 달은 물 익히기와 발차기 운동만 되풀이하였다. 이미 수영 경험이 있거나 숙련된 회원은 차례차례 위 레인으로 옮겨가는데 나와 몇몇 회원만이 첫째 레인에 머문 채 발차기를 계속하였다. 창피할 정도로 진전이 없다. 다섯째 레인 사람들이 물개처럼 헤엄치는 모습이 부럽기만 하였다.

수영 선배들이 6개월은 참아 넘겨야 약간의 헤엄이 가능할 것이라고 하기에 인내심을 가지고 어려운 고비 고비를 넘겼다. 아내는 셋째 레인에서 계속 나를 격려한다. 킥 판 잡고 발차기를 하는 연습은 왜 그렇게도 힘이 들고 숨이 찬지, 중간에서 쉬기도 하고, 허우적거리기도 했다. 때로는 실력에 걸맞지 않게 팔다리를 함께 움직여보다가 어이없이 가라앉으면서 그만 입과 코에 물이 한꺼번에 들어가서 괴로워하기도 했다.

4개월이 지나서야 겨우 둘째 레인에 진급할 수 있었다. 자유영의 기본과 배영의 초보에 들어간 셈이다. 점차 재미가 붙는다. 그러나 그것도 잠시, 다시 어려운 벽에 부딪친다. 공연히 시작했다고 후회도 해보았다. 한때는 코감기가 계속 내 몸을 드나들기도 하고 몸에 가려움증이 생기기도 하였다. 한 사람 두 사람 떨어져 나간다. 나보다 더 나이든 사람이 내 레인에는 없다. 그러나 나는 집념과 강단으로 계속 밀고 나갔다.

셋째 레인으로 진급하여 이제는 자유영과 배영 외에 평영과 접영의 문턱을 바라보게 되니 기쁨과 약간의 자신감도 생겼다. 그러나 이미 고희를 눈앞에 둔 나이고 보니 아무래도 젊은이처럼은 몸이 말을 잘 듣지 않고 힘과 호흡이 따르지 못해, 줄지어 헤엄쳐 나아가는 대열 속에 남의 진로를 방해하는 일이 종종 생긴다. 체력의 한계도 느끼고 좌절도 맛보는 고비를 또 다시 맞는다. 그런 나에게 다른 회원들이 '연령에 비해 대단한 진전'이라고 칭찬 겸 격려의 말을 해주어 힘을 북돋아주었다.

이렇게 신체적 부담을 견디고 심리적 곡선을 조정해 나가는 동안에 1년이라는 세월이 흘러갔다. 그러나 이 이상 계속해서 젊은이들과 보조를 맞추기란 어렵다는 것을 판단하게 되었다. 그래서 하는 수 없이 내 페이스에 맞출 수 있는 연회원에 등록하여 별도의 수영장에서 자유로이 영법泳法을 익히기로 하였다. 여기 와서는 의외로 진전이 빨라지는 느낌이다. 한낱 물속의 맥주병이었던 내가 300미터에서 500미터 이상까지 헤엄칠 수 있게 되니 성취감과 희열감마저 느끼곤 했다.

뒤늦게 배운 수영으로 즐기는 수어지교.

수영은 자기 몸에 알맞게 하면 확실히 좋은 운동이다. 말 그대로 체중관리, 체형관리, 정신건강에 더 없이 좋다. 식욕 증진, 숙면, 쾌변, 온몸의 컨디션 호조가 이를 입증한다. 차차 수영이 익숙해짐에 따라 윤기와 탄력이 넘치는 젊은이들처럼 정신적인 젊음을 가져다주는가 하면, 여행 가방에 수영복을 챙기는 즐거움과 그곳에서 수영장을 찾아가 수영의 재미를 맛볼 수 있는 기회가 더 생긴다. 얼마 전 멕시코 유카탄 반도에 가서 수영을 즐긴 것은 나의 잊을 수 없는 멋진 추억이다. 눈이 시릴 만큼 푸르른 하늘 아래 펼쳐진 하얀 모래사장과 에메랄드빛의 카리브의 바닷물은 아름다움의 극치를 자아내고,

바닷가 풀장의 물은 유리알처럼 맑아 수영자의 발톱까지 보일 정도였다.

외국인이 저리가라 하고 수영실력을 자랑하는 몇몇 단원이 있었다. 어젯밤 전깃불 밝게 비치는 수영장에서 물과 낭만을 즐기던 얼굴들이다. 비록 서투른 수영 실력이지만 그들 틈에 끼어 물장구친 것만으로도 그 동안의 수영 연습이 가져다준 귀한 선물이었다.

생각해보니 나의 수영 실력의 향상은 수어지교水魚之交라는 고사의 의미를 수영의 장場에 적용하려는 나름대로의 노력이 있었기 때문이 아닐까 생각한다. 이 말의 출전은 중국의 『삼국지』인데, 물고기가 물을 떠나서는 살 수 없듯이, 떨어지려야 떨어질 수 없이 아주 가까운 사이라는 뜻이다. 그 옛날, 임금과 신하가 서로 친밀함을 이르는 말로 쓰이기도 하였고, 부부의 화목함이나 인간관계에서 뗄 수 없이 친한 교제를 이르는 말이다. 그러나 나는 이 말을 수영의 원리 또는 요령으로 받아들이려 한다.

인류는 본래 물과 가까웠고 친했으며 물과 함께 살아왔다. 지금도 다른 네 발 달린 동물들이 배우지 않아도 어느 정도는 헤엄칠 수 있는 것을 보면, 사람도 약간의 몸놀림과 호흡 조정만으로 뜰 수 있고 헤엄칠 수 있다는 게 수영을 시작할 때 들은 이야기이다.

사람과 사람끼리도 자주 찾으면 친해지고 오래 접하면 정이 붙는다는 것이 이치이고 보니, 수영은 언제부터 시작했으며 얼마나 오래 됐느냐에 따라서 수영 급수를 정하는 회원끼리의 대화야말로 일리가 있다고 느꼈다. 수영을 하려면 우리 둘레에서 쉽게 볼 수 있는 물고기, 개구리, 오리 등이 헤엄치는 것을 보고 힌트를 얻기도 하고 헤엄치는 악어나 고래로부터도 배운다. 온 몸의 힘을 빼고 물의 저항을 덜 받는다든지, 유연하게 물을 타되 물의 흐름을 잘 이용한다든지, 리듬감과 평형감각을 잘 살려 나아가는 것 등이 그것이다. 나는 그 동안 무리하게 뜨려고만 애를 썼고 전진하려고 발버둥을 쳐온 느낌이다. 물고기로부터 물과 친하고 화합하면서 편하게 헤엄쳐 사는 지혜와 요령을 진작 배우고 익히지 못한 데서 기인한 것이리라.

날이 감에 따라 수어지교의 가르침은 나의 수영 요령이자 일상생활에서의 좌우명으로 진하게 자리 잡아감을 스스로 느끼게 되었다.

수영을 마치고 아내와 함께 수어지교에 대한 이야기를 나누며 돌아오는 한때는 한결 발걸음이 가볍고 아침 햇살이 정답게 느껴졌다.

3-6

마음 밭에 새겨진 한 마디

공직에서 정년퇴임한 후 제일 먼저 손을 댄 일은 부모님의 묘소를 옮기는 일이었다. 이유인즉 따로 모셨던 두 분의 묘를 합장함으로써 생전에 다툼이 잦았던 두 분 사이가 저승에서나마 좋아졌으면 하는 바람이 있었기 때문이다. 또 우리 형제가 모두 고향을 떠나고 보니 묘소 관리에 어려움이 생긴데다가, 묘지 근처가 개발지로 지정됨에 따라 부모님의 묘를 이장하라는 통보를 받은 일들이 함께 맞물려서 불가피해졌기 때문이다.

이장할 곳은 '살아서 아파트, 죽어서 공원묘지'라는 가족 간의 정서를 감안하여 고향에 새로 개설된 조용하고 양지바른 P 공원묘지로 정하게 되었다.

공원묘지 관리사무실을 찾으니 현지 안내와 분묘의 형型 및 석물石物에 대한 내용을 소상하게 알려준다. 풍수지리를 비롯하여 묘소에 관한 지식이 부족한 나로서는, 관리소 측의 권유에 순순히 따를 수밖에 없었고, 따라서 계약도 쉽게 체결되었다.

그런데 문제는 묘비에 새길 내용이었다. 묘비에는 신분, 이름, 행적, 자손, 생졸生卒 연월일 등을 새기는 것이 일반적이라기에, 일단은 그대로 따르기로 하였다. 한데 행적으로 어떤 내용을 새길 것인지, 이 점이 시간을 두고 생각해야 할 부분이었다. '호랑이는 죽어서 가죽을 남기고 사람은 죽어서 이름을 남긴다'고 하였다. 여기서 남긴다는 이름은 단순히 호명하는 이름이 아니라 그 사람 생전의 사람됨이나 업적 및 정신적·물질적인 모든 남김을 뜻하는 것이리라.

그동안 보아온 많은 묘소들을 상기해본다. 많게는 묘석도 없이 이 산 저 산에 산재해 있는 초라한 분묘들이다. 다른 것과 혼동될 염려가 없어서인지, 내세울 만한 남김이 없어서인지, 재력이 없어서인지 모르겠다. 그런데 더러는 묘표가 있는 분묘도 있다. 그중에서도 공동묘지에는 이름만 새긴 묘갈墓碣이 많이 눈에 띈다. 간혹 엄격한 신분 사회에서 행세깨나 한 분의 분묘에 묘비가 자랑스럽게 서 있음을 본다. 널찍한 묘계墓界 속의 비교적 큰 묘봉 앞에는 고인의 관직官職과 이름이 새겨져 있는 묘표墓表가 있다. 예를 들면 '증贈 가선대부嘉善大夫 이조참판吏曺參判, 행行 양성현감陽城懸監 ○○○지묘之墓, 증贈 정부인貞夫人 ○○○씨氏 부좌祔左' 같은 것이다. 죽은 뒤에 추증追贈한 품계와 관직은 가선대부 이조참판이었고, 실제로 행한 사실은 양성현감이었던 아무개의 무덤이며, 남편의 추증과 함께 정부인으로 봉작된 부인은 왼쪽에 합장되어 있다는 뜻이다. 드물게는 종이품從二品 이상의 관원官員의 무덤 근처 큰길가에 세워진 신도비神道碑를 볼 수 있는데 한문으로 된 장황한 비문이 새겨져 있다. 벼슬 제일주의, 문벌 존중 시대의 유물이라고 볼 수 있다.

이와는 대조적으로 세계적 대철학자 칸트의 묘비에는 "내 위에는 별이 반짝이는 하늘, 내 안에는 도덕률……"이라는 비문이 있는데, 이는 우리와 문화의 차는 있지만 우리에게 많은 것을 시사해준다. 인류의 마음 밭을 일구는 그의 명저 『실천이성 비판』의 결론 장의 한 구절이다.

본디 분묘는 가신 분의 영혼을 기쁘게 해드리고 고인의 넋을 기리며 얼을 되살리기 위해서 만들어졌을 것이다. 한데 근자에 와서 가신 분의 어떤 한을 풀어 드리려는 의도인지, 아니면 자신을 과시하려는 것인지 의심이 갈 정도로 외형만 대형

화하고 호화롭게 하려는 일부 현상이 보인다. 이런 물량적 호화보다 또 관직이나 지위의 권위보다 그 분 나름의 소중한 남김의 내용이 있을 터인데 말이다.

나는 부각시킬 부모님의 남김을 명예나 외형적 업적보다 정신적, 교훈적 남김 속에서 찾기로 했다. 그 결과 우리 형제들의 마음 밭에 새겨진 한 마디의 말씀, 고진감래苦盡甘來라는 고사성어를 고르기에 이르렀고, 비문碑文을 '8·15 광복을 전후한 어려움 속에서 고진감래의 교훈을 실천케 하시다'로 확정하였다.

8·15 광복을 전후한 우리 겨레의 생활상은 형용키 어려운 가난과 고난으로 얼룩져 있었고, 우리 가정은 그중에서도 어려운 형편에 놓여 있었다. 금광업에 투신한 선친이 모든 재산을 건 마지막 금 채광에서 크게 실패하여 거리에 나앉을 정도로 몰락할 무렵, 설상가상으로 중일전쟁이 일어나고, 이어 2차 세계대전이 발발하니 모든 산업은 전시 체제로 개편되고, 이에 따라 선친이 해오던 금광업이 '올 스톱'하게 되었다. 그러니 난감하기 이를 데 없었고 아무리 노력해봐도 재기불능이 될 수밖에 없었다.

부모님의 부부싸움이 잦았으며 선친은 암울과 절망 속에서 술로 나날을 지새우는 생활을 했고, 그것이 원인이 되어 결국

환갑도 못 넘긴 채 세상을 떠나셨다. 남은 어머니의 고생은 불문가지다. 그런 생활 속에서도 어머님은 정신적인 버팀목으로 '고진감래'란 말씀을 자주 해주셨다. "고생이 다하면 즐거움이 온다", "어릴 적 고생은 은을 주고 산다", "오르막길이 있으면 내리막길이 있다" 등의 속담을 섞어 가며. 육성은 사라져도 그 뜻은 남는다더니, 그 말씀들은 자식들의 마음 밭에 씨로 뿌려졌다. 부지불식간에 그 동안의 인고의 고비를 넘길 때는 물론, 범사에 감사하며 살아가는 정신적 밑거름이 되었다. 지난날, 너무나 힘들고 쓴 체험이 일상생활의 비교 기준이 되어 왔기 때문이리라.

몇 차례 묘소를 다녀오는 동안에 이런저런 생각을 하게 된다. 마음 밭에 새겨지는 황금 같은 말은 단 한 번의 '만남'으로 새겨지는 수도 있고, 부싯돌로 불을 붙이듯이 몇 차례 되풀이하는 과정에서 새겨지는 경우도 있으며, 오랜 기간 말버릇처럼 되뇌는 동안에 의식되는 경우도 있다.

예컨대 자라나는 아이들에게 "남의 누가 되지 않게 하라"고 등교할 때마다 어머니가 되풀이하는 당부로 남을 의식하는 예절 바른 인성이 길러졌다는 이웃 나라 이야기, "질문을 한 가지 이상 하여 무엇인가 배우고 와요"라고 되풀이한 결과 적극적 학습 태도가 길러졌다는 이스라엘 어느 어머니의 교육 이야기, "남에게 지면 안 된다, 일등하고 오너라"라는 강요를 되풀이하여 이기적이고 경쟁적인 인간이 길러지고 있다는 우리의 현실 이야기 등은, 부모의 한 마디 말이 아이들의 마음 밭에 그대로 새겨지는 보기라 하겠다. 이것은 작게는 개인의 인성 형성에, 크게는 한 나라의 국민성 함양에까지 영향을 끼치는 실증적 사실이기도 하다.

적어도 매해 한식과 추석에는 아들·손자와 함께 산소를 찾아 성묘도 하고 차례도 지낸다. 그때마다 어버이께서 남기신 고진감래의 교훈을 되새기게 된다. 어찌 보면 자식들의 몫이긴 하나 이장하면서 부모님 무덤 옆에 내가 묻힐 곳도 미리 마련해 놓았다. 올해 한식 때는 '내가 묻힌 후 나의 묘비에는 어떤 비문이 새겨질지, 과연 내가 자식들의 마음 밭에 새긴 것이 있는지……' 부모님의 묘를 보며 혼자 중얼거렸더니 손을 잡고 따라오던 일곱 살짜리 손녀는 영문을 모르겠다는 듯이 나의 얼굴을 빤히 쳐다보는 것이었다.

3-7

혼자 오른 이름 모를 산

나는 가끔 산의 유혹을 받아가며 살고 있다. 산에는 여럿이 어울려서 가거나, 둘이서 짝지어 가거나, 아니면 혼자서 오를 경우가 있는데 그때마다 그런 대로의 다른 맛을 느끼곤 한다.

오늘은 혼자서 산을 찾는다. 가을 단풍과 낙엽들의 손짓을 따라가고픈 충동을 느껴서이다. 목적지는 인적이 드문 고도 400미터 가량의 이름 모를 산이다. 수도권 분당 신도시 인근에 있는 아기자기하고 부담이 적은 이 산이 나는 너무나 좋다. 언젠가는 사람들의 발길이 붐빌 아주 좋은 산이다.

저수지 윗동네에서 출발하면, 평평한 숲속 길이 적당히 구불거리다가 산기슭을 벗어난다. 계곡을 따라 걷다 보면, 좁은 산길이 나오고 길 양편에는 영토 쟁탈전이라도 벌이듯이 아카시아 숲이 번져 있는가 하면, 높은 자리 먼저 차지하려고 다투듯이 하늘을 향해 뻗어가는 참나무 몇 그루도 서 있다.

좀 가다 보면 오롯한 산길 양편에 들국화와 함께 이름 모를 가을꽃들이 저마다의 아름다움을 뽐내며 손짓한다. 어느 꽃은 요염한 빛을 내면서 둘이서만 노닐잔다.

길바닥은 대체로 부드러운 흙이지만 간간이 거치적거리게 노출된 돌부리가 있기도 했다. 때때로 없는 길을 헤쳐 나가는 등산 버릇이 있어, 어림짐작해서 앞으로 나아가다 보면 잡목에 막혀 다시 우회하는 시행착오를 겪기도 한다. 이와 같이 하여 파도를 넘듯 몇 능선을 넘으면 산중턱에 이른다. 발바닥에 흙의 기氣가 전해져서인지 온몸에 생기가 솟는다.

그로부터 정상까지는 가파른 길이 한동안 계속된다. 정상에 올랐을 때는 온몸이 땀으로 촉촉하다. 내가 사는 도시와 이 지역의 지형이 한눈에 들어온다. 가슴이 탁 트인다. 온몸으로 느껴지는 상쾌함이다. 살짝 스쳐 지나가는 소슬바람에 사각거리며 굴러가는 낙엽 소리가 고요함을 더해준다.

모처럼 만에 인기척이 나더니 멜빵으로 어린애를 업은 건장한 젊은 아버지의 맑은 얼굴, 밝은 표정의 아내가 그 뒤를 따른다. 나와는 반대 방향의 코스를 인사할 겨를도 없이 스쳐 지나간다. 아이를 업고 산행을 하다니, 젊음이 좋긴 좋다.

올라올 때 나뭇가지 사이로 나의 등을 밀어주던 태양은 이젠 머리 위 가까이에서 가을 햇살의 위력을 발휘한다. 잠시 숨을 돌리고 준비해 온 도시락으로 점심을 즐기니 인생의 낙이 여기에 있다. 육체노동 뒤에 먹는 도시락은 어떤 음식보다 훌륭하다.

얼마 후에 50대 초반으로 보이는 남녀 한 쌍이 파란 점퍼에 빨간 모자 차림으로 나타난다. 한 시간쯤 뒤에 따라 올라온 부부 같다. 저만치 앉았다가 다시 걸으며 "안녕하십니까, 먼저 갑니다" 하고 공손히 인사하며 앞서간다. 부부의 뒷모습은 건실하고 다정해보인다.

숲 속은 한동안 적막감이 돈다. 나는 하늘을 보고 낙엽 위에 눕는다. 높이 뜬 비행기가 길게 흰줄을 그어가며 날아간다. 마치 과거와 미래의 시공을 둘로 나누듯, 인생 전·후반을 양편으로 경계 짓듯 선명한 선으로 하늘을 갈라가며 지나간다.

나는 얼마 동안 상념에 빠진다. 산길과 인생길, 그리고 산행길의 이 지점과 내 인생의 현 위치가 너무나 흡사함에 놀란다. 이름 모를 산의 정상까지 찾아 올라온 길의 양상과 이어짐이 마치 나의 지난 인생 역정처럼 느껴지는 것이다. 배우고, 일하고, 싸우며, 살아온 지난날이 이제 걸어 올라온 산길처럼 다양하면서도 굴곡 또한 많은 이어짐이었기 때문이다. 그러고 보니 이 지점은 생존 경쟁의 치열함을 의미하는 오르막길과, 순명順命의 옷깃을 저미며 내려갈 길의 분기점으로 생각되어지는 것이 아닌가! 누군가가 말했던가? 인생의 전반은 싸우면서 성취하고 후반은 도우면서 베푸는 시기라고.

하산하는 길은 경사진 지름길도 있겠지만 올라올 때의 길과 대칭을 이루는 방향으로 비껴서 내려가기로 했다. 완곡하면서도 변화가 있을 산길, 때로는 올라올 때처럼 없는 길도 더듬어가며 내려가려는 것이다. 이것은 순명과 노숙老熟의 돛을 달고, 균형 잡힌 모양새를 갖추며 유유자적하게 남은 인생을 꾸려가고픈 잠재의식 때문인지 모른다.

내려가는 길은 저녁 해를 안고 내려갔다. 저 멀리에 그동안 가끔 약수를 뜨러 갔던 자그마한 절이 가을 숲 사이로 보인다.

내리막길 중턱에서 한 그루의 소나무가 발길을 멈추게 한다. 땅위로 불뚝 솟아난 뿌리로 어렵사리 서 있는 몰골이 안쓰럽다. 언제부턴가 빗물이 길이 되어 뿌리 위의 흙을 다른 곳으로 흘려보냈던 것이리라. 나는 우선 손으로 흙을 10여 차례 파다가 덮어 주었지만 가당치 않은 짓에 불과했다. 때와 장소를 잘못 타고난 불운한 나무이다. 그러나 말 한마디 없이 운명에 순응하며 인고의 나날을 살아가는 모습에는 또 대견스럽다. 어차피 모든 생명체는 운명의 소산이고, 삶 자체는 다가오는 운명 속에서 나름대로 엮어져 가는 것이라고 하였던가?

다시 앙상한 잡목 숲 옆을 지나 우거진 잡초 사이를 구불거리며 내려오니 산기슭에 이른다. 아직 가을걷이를 하지 않은 밭들이 여기저기 보인다. 산자락에 일군 조그만 밭에서, 지나가는 나를 멀거니 쳐다보고 서 있는 늙은 농부가 있다. 굽은 허리를 애써 펴고 서 있지만 석양에 물든 그 모습이 마냥 쓸쓸해 보인다. 노인은 지금 인생무상과 허무함을 반추하고 있는지 모른다.

내려오는 길은 나이 칠십이 넘은 요즈음의 세월만큼이나 빨랐다. 산 정상에서 멀리 보였던 작은 절 가까이에 이르니 가을바람에 실린 목탁 소리가 마치 보시普施와 영원불멸을 되뇌는 듯 은은히 들려온다.

집까지 돌아가려면 한참 더 걸어가야 하지만 이쯤에서 생각해 보아도 오늘의 산행은 하루를 일생처럼 보낸 멋진 사색의 기회였다.

3-8

풀려난 늙은 토끼

속된 말에 "시집간 새색시에게는 말도 많고 탈도 많다"더니, 내가 사는 신도시에 대해서도 말도 많고 탈도 많다. 사랑하는 신랑에게 새색시의 흉이나 탈이 안중에 없듯이, 신도시에 대한 부정적 시각은 나에게 있어 별 문제가 되지 않는다. 이곳 B 도시에 대해 남다른 애정과 매력을 갖고 있기 때문이리라.

누가 뭐라 해도 새것은 좋은 것이다. 새 길, 새 시설, 새 집들은 신선함을 준다. 백지에 그림 그리듯, 새 옷을 재단하듯, 설계 자체가 예술성과 합리성이 있어 보인다. 이곳은 기존의 짜깁기 도시와는 사뭇 다르다. 서울의 공해를 적당히 피하면서 도시의 편의 시설과 전원의 자연 환경이 조화를 이루고 있다. 이만큼 쾌적하고 아름다우며, 짜임새 있는 주거환경도 그리

흔하지 않을 것이다.

마치 급히 시집가느라 갖출 것을 챙기지 못한 것처럼, 서둘러 조성한 도시인지라 미진함과 하자의 부분이 있다. 특히 건물의 수명과 관련한 문제점도 있다는 것을 들어서 알고 있다. 그러나 짧은 기간에 이런 크나큰 신도시를 거뜬히 건설해낸 우리 행정 체계의 실력과 슬기로 보아, 후속적인 문제 해결도 조만간 있을 것으로 믿는다.

몇 차례 여행을 통해 선진국을 돌아보면서, 공원의 도시, 또는 광장의 도시로 특징짓는 여러 곳을 보고 부러워한 적이 있다. 이런 내 가슴의 골을 메워주기라도 하듯, 이 도시의 중앙공원이 그 자태를 자랑한다. 동네 복판에 있는 소나무 동산을 시민공원과 광장으로 만든 것인데 둘레가 4킬로미터는 족히 되는 천연의 공원이다. 남·서 양쪽 가장자리는 탄천의 지류가 흐르고, 광장의 연못은 백조들이 모여 노닐 것만 같다. 참으로 이 중앙 공원은 이 도시의 명물이자 내 가슴을 시원하게 해주는 샘과 같다.

늦장마가 갠 어느 날이었다. 평소 새벽이면 산책을 나오던 공원이었는데, 그날은 해가 남중南中할 무렵에 찾았다. 사람이 적어서 조용하다. 하늘을 보니 맑은 태양빛이, 푸르고 깨끗한 잔디밭에 쏟아진다. 잠시 걸음을 멈춰 탄천 둑에 걸터앉는다. 산이 침묵하고 바위마저 생각에 잠기는 고요한 시간이다. 내 마음은 작은 나뭇잎 배가 되어 물 위로 떠가듯 허허로움을 느낀다.

그때 가까이 있는 산자락에서 토끼 한 마리가 부스럭거리며 나타나더니 사람 눈치 볼 것 없이 풀을 마구 뜯어먹는다. 시장한 모양이다. 늘어진 귀, 윤기 없는 털, 비대한 골반, 약간 처진 눈, 둔한 몸놀림 등 어디로 보나 인간에게 사육되던 늙은 토끼다.

언제부터인가 누군가의 손으로 공원의 산허리 한구석에 동물 사육용 가건물이 지어졌었다. 보호철망으로 둘러싸인 사육장 안에는, 토끼·닭·화초비둘기 등이 있었고 점차로 그 수가 불어났다. 어느 한 노인이 먹이를 주고 청소를 하며 사육장 관리를 해주었는데, 나중에는 지친 듯이 보였고 힘의 한계를 느끼는 듯했다. 얼마 후에는 쥐가 들끓고 가끔 족제비가 침입하여 동물들을 잡아갔을 뿐 아니라, 아이들의 짓궂은 장난에 동물들이 괴로워했다.

그러더니 언제부터인가 공원에 이 동물들을 풀어주었다. 공원 곳곳에 '동물을 보호합시다'와 같은 푯말도 생겼다. 한동안 자유와 해방감을 만끽하는 듯 보였던 동물들이 얼마 지나지 않아 사육장 언저리를 맴돌았다. 그러나 이런 현상은 오래가지 않았고, 동물들은 각각 공원 어디에선가 터를 잡고 살아가는 듯했다.

산책길 옆에서 제법 생기 찬 모습을 보여주는 닭이 있는가 하면, 힘차게 달아나는 토끼가 눈에 띄기도 하여, 오가는 사람들이 즐거워했다. 지금 저기서 풀을 뜯어먹기에 여념이 없는 늙은 토끼도 이렇게 해서 풀려난 이른바 자유의 토끼인 것이다. 너무 오래도록 사육장 속에서 갇혀 살다가 풀려나온 저 늙은 토끼는, 올해처럼 긴 장마철을 어떻게 견디고 지냈는가? 자연에 적응하고 때로는 이를 극복하느라 적잖은 힘이 들었을 텐데……. 그래도 용케 살아남았으니 대견스럽다. 아마 연륜의 지혜가 큰 몫을 했을 것이다. 좀 더 일찍 해방되었더라면 꽤나 적응력이 길러져서 더 풋풋한 삶을 영위했을지도 모른다. 지금 홀로 먹이를 찾아다니는 저 모습은 사육장 속에 있을 때보다 행복하게 보이지 않으니 안타깝다. 하기야 사람의 보호 밑에 안주해오다가, 늘그막에 홀로서기 삶을 하자니 오죽하겠는가?

토끼를 식사는 끝내고, 그래도 무엇인가 아쉬움이 있는지, 이만치 떨어져 있는 나를 힐끗힐끗 보며 귀를 쫑긋거린다. 그러면서 그동안에 자유롭게 산다는 게 어떤 것인지, 또 자립해서 산다는 것이 얼마나 어려운 것인지, 조금은 체득했다는 듯 어엿함도 보여준다.

흐르는 냇물과 토끼를 번갈아 보고 있노라니 러시아 시인 푸시킨의 시가 생각난다. "안일하고 편안한 생활환경보다는 긴장되고 고통스런 생활 속에서, 더 많은 또는 더 큰 삶의 의미를 찾을 수 있고, 이를 누릴 수 있다"는 내용의 시다.

사실 혼자 살아내기를 하고 있는 토끼의 삶은, 삶의 단독성을 실존적으로 보여주는 단면이다. 너나 할 것 없이 한 번 살다 죽는 것인데, 여생이나마 건강하게 살아야 할 게 아닌가. 세계적으로 장수한 많은 분들은 하나같이 좋은 공기 마시고, 아플 새가 없이 일을 하고, 식사는 소식小食을 했다.

한 발 한 발 다가가며 토끼를 살핀다. 토끼에겐 내일에 대한 근심 걱정이나 앞으로 있을 죽음에 대한 번민과 공포 따위는 엿볼 수 없다. 오직 오늘이 있고, 그저 오늘을 살뿐이다. 토끼도 내 마음을 읽는 듯, 눈을 멀뚱멀뚱 뜨고 바라본다. 그러나 그것도 잠시뿐. 다가가는 나와의 거리가 몇 걸음 정도가 되니 그만 꽁무니를 보이며 달아나버린다. 저런! 섭섭하게끔. 친하게 지내려는 나의 마음을 몰라주고 피하는구나. 너도 혼자, 나도 또한 혼자지만, 결국은 아름다운 이 도시와 이 공원의 한 가족이 아닌가? 나는 '만남'의 우연과 필연의 양극을 넘나드는 상념 속에서 탄천 둑길을 빠져나온다.

3-9

삼대 이야기

중국 고사에 삼대三代라는 이야기가 있습니다. 아버지와 아들과 손자 삼대를 둘러싼 이야기입니다. 내용인즉 일대인 아버지는 몹시 가난한 농부의 아들로 태어나 어릴 때부터 굶주림과 헐벗음 속에서 갖은 곤경을 겪으면서도 이런 처지를 참고 이겨내면서 학문을 갈고 닦아 마침내는 국가시험에 장원 급제하여 벼슬길에 오르게 되었고, 그 후 더욱 정진하여 그 나라의 재상이 되었습니다. 그 당시는 벼슬과 권세와 재산이 함께 안겨지던 시대인지라 부귀영화를 한 몸에 누리게 되었습니다. 성실한 재상으로서 남달리 정사에 전념하다 보니 가사와 자녀교육은 자연히 소홀히 될 수밖에 없었습니다. 이런 탓도 있어서 그런지 이대인 그의 아들은 아버지의 굳은 의지와 진취적 생활태도와는 너무나도 다른 인품이었습니다. 나약하고 의타적이며 게으르고 낭비를 일삼는 사람이었던 것입니다. 그리하여 부모, 특히 아버지로부터 늘 못마땅해 하는 눈초리와 꾸중을 받는 존재가 되었습니다. 그래서 슬슬 아버지의 눈을 피하며 아버지를 만나지 않으려고 하였습니다.

그렇게 지내던 어느 날 그 아들은 등청길의 아버지와 앞마당에서 우연히 마주치게 되었습니다. 아버지는 예외 없이 소리를 높여 이 아들을 나무라고 꾸짖었습니다. 나중에는 격하여 매를 들 기세까지 보였습니다. 그러자, 아들은 그날따라 깊숙이 떨구고 있던 고개를 들며 이렇게 말하더입니다. "아버지는 지금 착각에 빠져 계십니다. 아버지께서는 가난과 박대 속에서 자라 그 처지에서 벗어나야겠다는 절박감 때문에 그토록 분투노력하여 벼슬길에 오르게 되었고 오늘날과 같은 영광을 누리게까지 되셨지만, 저로 말하면 아버지의 처지와는 달라 그렇게 할 필요를 느끼지 않고 자랐습니다. 지금도 마찬가지입니다. 아버지 덕분으로 의식이 족하고, 비록 직접 제가 벼슬은 못했지만 재상의 아들이라 동네 사람들이 만나기만 하면 굽실굽실하고 웬만한 벼슬아치 이상으로 대합니다. 이러한 처지인데 제가 무엇 때문에 힘든 공부를 하고, 땀을 흘리며 일을 할 필요가 있더란 말입니까?" 이 말을 들은 그의 아버지는 어이가 없어 할 말을 잊고 있다가 잠시 후에야 삼대째인 손자의 공부방 쪽을 가리키며 이렇게 호통을 치더랍니다. "그렇다면 저 방에서 공부하고 있는 너의 자식은 무엇 때문에 저렇게 열심히 공부를 하고 있더란 말이냐!" 그 말을 들은 아들은 또 이렇게 대꾸하더랍니다. "아버지는 또 한 번 착각을 하고 계십니다. 저 아이로 말하면 나약하고 의타적이며 무능한 저를 지켜보며 자라기 때문에 애비인 저에게서는 아무것도 기대할 것이 없다고 판단하여 제 힘으로라도 입신을 하려고 저렇게 열심히 노력하는 것이 아니겠습니까?" 이 말을 들은 재상은 말문이 콱 막혀 더 이상 할 말을 찾지 못하고 그저 쩍쩍 혀를 치며 그대로 등청길을 재촉하였다는 이야기입니다.

이 이야기는 오늘날 교육에 종사하고 있는 우리에게 많은 교육적 시사점을 주는 것으로 보아집니다. 오늘날 급속히 발전한 우리나라의 경제와 문명은 따지고 보면 앞 이야기의 아버지의 업적에 비유할 수 있을 것 같습니다. 즉 우리나라의 기성세대에는 앞 이야기의 일대와 같은 기질이 있어서 급속한 경제성장과 문명의 발전을 가져올 수 있었던 것이라고 보아집니다. 견디기 어려운 열대지방 중동 지역에서 일하는 동포들이 국제 경쟁에서 이기고 있는 것이 그 하나의 두드러진 예가 아닌가 합니다. 그런데, 주목할 일은 지금 자라나고 있는 우리 아이들한테는 앞 이야기의 아들대인 이대적 기질이 형성되고 있지 않은가 하는 점입니다. 큰 문제입니다. 즉, 나약하고 참을성이 적으며 땀 흘리려 하지 않고 낭비하면서까지 유행에 따라 겉치레하려는 경향을 보이고 있으며 발전적이고 진취적인 기상이나 의지가 박약합니다.

소련에서 망명한 문호 솔제니친도 부강한 자유 진영을 순방하면서 자라나는 청소년의 이런 점을, 즉 앞 이야기의 이대적 기질을 걱정했다고 합니다. 오늘의 그 나라 청소년을 보면 내일의 그 나라를 점칠 수 있다는 말이 있습니다. 이 말은 상당히 설득력이 있는 말이라고 보아집니다. 그러나, 이러한 흐름을 비관만 할 일은 아닙니다. 이러한 일반적 경향을 의도적으로 극복하려는 노력을 계속하여 한번 번창한 가세를 이대, 삼대까지 면면히 유지, 발전시키는 예외의 가문이 있는 것처럼 오늘날의 우리 세대가 가지고 있는 일대적인 기질을 유지, 발전시킬 수 있다는 가능성입니다. 이러한 각도에서 볼 때, 우리는 오늘의 우리 제2세대를 의도적으로 교육하지 않을 수 없습니다.

위와 같은 이대적 부정적 상황은 정도의 차는 있겠으나 경향을 막론하고 우리나라 도처에 깔려 있다고 보아질 때 내일의 사회를 겨냥한 교육을 담당하고 있는 우리로서는 결코 가

벼이 간과할 수 없는 일이라 하겠습니다. 그런데 가정·학교·사회에서의 교육현상 속에는 위와 같은 경향을 바로 잡기보다는 오히려 부채질하는 면이 적지 않으니 여기에 또한 문제가 있습니다. 가정의 양육법을 보더라도 소위 과보호 현상이 나타나고 있습니다.

나는 못 먹고, 못 입고 고생을 해왔지만 내 자식까지 그럴 수야 있느냐? 자식만이라도 잘 먹고 잘 입고, 편히 지내야 한다는 사고방식 속에서 자녀들을 지나치게 보호하고 맹목적인 사랑을 베풀어 인내심과 끈기를 기르는 기회와 성취감을 크게 맛볼 수 있는 거칠고 힘든 생활경험의 기회를 의도적으로 빼앗고 있습니다. 이런 속에서 자란 아이들은 콩나물이나 온실 속의 식물과 무엇이 다르겠습니까? 또 학교 교육에 있어서도 아이들을 콘크리트 벽에 둘러싸인 교실에 가둬 놓고 교과서를 매개로 한 언어 중심의 수업을 하고 교과서 위주의 숙제부과와 교과서 내용 암기 수준을 재는 객관식 지필고사를 실시하여 교육의 성과를 운운하는 교단상을 나타내왔습니다. 그리하여 미지의 세계를 탐구하려는 왕성한 의욕과 자발적인 도전으로 새로운 것을 배우고 그 속에서 자기 나름의 성취감을 체험케 하는 일은 적었습니다. 따라서 능동적 사고와 자기 힘으로 문제를 해결하는 능력을 길러주지 못하고 자신은 물론 우주까지도 감쌀 수 있는 포용력이나 강인한 의지도 길러 주질 못하였습니다. 결과적으로 이대적인 기질을 낳게 했고 교육현장에 의타적인 학습풍토, 절름발이 교육, 쓸데없는 교육 등의 비난의 씨를 싹트게 했다 하겠습니다.

4

끝자락의 디자인

Well
Aging

4-1

내 등을 밀어준 것들

N. C. 실버타운에 들어오기까지 많은 고민을 하였다. 이때 뜻한 대로 밀고가라고 내 등을 밀어준 이야기들이 있다.

꿀벌의 분가

꿀벌들은 열심히 단체생활을 하면서 번식을 하고 집을 짓고 먹이를 모은다. 벌집에서 자라던 애벌레들은 성숙해지면 분가를 한다. 그런데 새끼 벌떼를 벌집에서 내보내는 것이 아니라 새끼들에게 집을 물려주고 어미 벌들이 떠난다고 한다. "어린 너희들은 새 집 꾸리고 새 살림하기란 힘들 것이니 우리가 분가하여 나가마. 다음에 너희들도 이같이 자식에게 물려줬으면 좋겠다" 하고 어미들이 집을 떠난다고 한다.

누에나방의 두 번째 자유

숱한 알에서 부화한 누에나방의 애벌레들은 그날부터 살아남기 위해 고군분투한다. 100퍼센트 부화하기도 어렵거니와 천적들이 어린것들을 그대로 두지 않는다. 겨우 살아남은 것들은 먹고 살기 위해 뽕나무를 향해 간다. 뽕나무에 이르기 전에 대부분은 생명을 잃는다. 천신만고 끝에 뽕나무 잎에 도달한 애벌레는 갓 태어난 강아지처럼 어미젖을 빨아대듯 뽕잎을 갉아먹는다. 그리고 성충이 되는데 그 수가 부화할 때의, 몇 천 내지 몇 만분의 일이 될까 말까 한다고 한다. 새에 먹히고 사마귀에 먹히고…….

겨우 살아남은 소수의 것들은 서둘러 집을 짓는다. 목을 수천 수만 번 휘저으며 고치를 짓는다. 이 집은 천적으로부터 몸을 피할 수 있다. 그리곤 집 속에서 쭈글쭈글 주름만 남는 번데기가 된다. 애벌레는 좀 더 성숙하고 아름다워질 자신의 삶을 꿈꾼다. 지금까지와는 완전히 다른 인생을 살 수 있을 것이라고. 그리하여 긴 시간을 고치 안에서 견디고 견딘다. 시간이 되면 드디어 고치를 뚫고 나와 나방이 된다. 그리곤 훨훨 날아다니며 자유를 만끽한다. 집을 버리고 자유로운 영혼이 되는 좋은 예라 할 수 있겠다.

송충이의 한살이

마을에서 떨어진 산기슭의 솔밭에서 살고 있는 한 마리 송충이가 있었다. 집도 없고 방도 없는 떠돌이 신세로 그날그날 가느다란 솔잎이나 갉아먹어가며 근근이 살고 있었다.

어느 정도 자란 송충이는 이슬이 촉촉이 내린 어느 봄날, '깍깍' 울어대는 까치소리에 잠이 깨어 일어나 보니, 온몸 털에 아침이슬이 묻어 있었다. 이슬을 툭툭 털면서 기지개를 켜고 건너편 나뭇가지 위에 짓고 있는 까치집을 바라보았다. 열심히 나뭇가지를 물어다가 쌓으며, 얽으며, 다듬으며…….

두 마리의 까치는 바쁘기만 하다. 송충이는 문득 자신도 집을 지을 욕심이 생겼다. '나도 집을 지어야지, 더 좋은 집을 지어야지' 하고 결심하였다. '초가집을 지을까? 아니 기와집을 지어야지, 기와집? 기와집보다는 양옥집을 지어야지, 단단하고 편리하고 아름다운 집, 우리 동네에서 가장 훌륭하고 가장 큰 집을 지어야지' 하고 마음먹고 집 설계에 들어갔다. 이런저런 계획을 욕심껏 세워보는 것이었다.

그러는 동안에 봄은 가고 여름이 다가왔다. 먹을 것이 풍부하며 잠자리 불편 없이 걱정 없는 날을 지내는 동안에 체중만 늘어났다. 별로 집이나 방이 필요하지 않은 나날이었다. 그러나 얼마 안가서 시원한 바람과 함께 가을이 다가왔다. 그제야 서둘러 집을 지으려 했으나 때는 이미 늦었고, 바로 눈보라 치는 겨울이 되어 우선 몸을 피할 곳을 찾아야만 하였다.

겨울은 춥고 길다. 추위에 덜덜 떨면서 집 없는 설움을 한껏 느낀다. 또 봄·여름·가을·겨울 이렇게 세월은 흘러흘러 머리에는 흰머리가 나기 시작하였다. 송충이는 초조하였다. 양옥집, 기와집은 생각지도 못하고 우선 움집을 짓는 일에 급급하였다. 그러나 그것도 나이 때문에 힘이 모자라 뜻대로 되지 않는다. 급기야는 하는 수 없이 내 몸 하나 간신히 들어갈 수 있는 방 하나를 짓기로 하고 고치방을 겨우 겨우 짓고 그 안에서 늙은 몸을 가누며 살다가 결국 이 세상을 하직하게 되었다.

수도스님의 생활

수도스님들의 침식寢食, 금욕생활, 수도를 위한 절제와 공부 등은 오로지 이 삶과 삼라만상에 대해 깨달음을 위한 것이다. 특히 단아한 몸과 마음. 물욕이나 인간에 대한 욕심도 버리는 자세가 좋다.

시대적 흐름, 핵가족 제도

농경사회와 달리 현대사회는 대가족 제도가 그리 필요하지 않다. 그리하여 현대사회는 가족끼리도 서로 폐를 안 끼치고 부모는 부모대로 자녀는 자녀대로 각자 살아간다. 이는 시대적 사회적 요구에 따르는 제도이다. 나 또한 자녀를 떠나 홀로서기를 해야 한다.

좋은 말들

아래 말들은 대부분 출처 미상이지만 바람처럼 나에게 다가온 말들이다.

- 노후의 중요한 덕목은 독립이고 자유이다.
- 죽을 때까지 공부하고 살아있는 동안 일한다.
- 중요한 것은 지금 이 시간이고 지금 이 곳이고 지금 만나는 사람이다.
- 팽이는 돌아야 똑바로 서고, 자전거는 앞으로 굴러가야 넘어지지 않는다.
- 모든 것은 변한다. 안 변하는 것이 있다면 모든 것은 변한다는 말뿐이다.
- 인생은 목적이 아니라 과정이다.
- 혼자 왔다가 혼자 가는 것이 인생이다.
- 등기된 재산만이 아니라, 내가 누릴 수 있는 모든 것이 내 재산이다.

- 베풀지어다. 열을 베푸니 삼이 되돌아오더라. 그러면 더할 나위 없다.
- 노년의 활동은 즐기는 수단이어야 한다.
- 최소한의 체력과 재력은 노후생활에 필수적인 두 기둥이다.
- 우리는 돈의 노예가 아니니다. 돈은 다 쓰고 죽어라.
- 모든 사람은 비슷하게 태어났지만 마지막에는 만인만색萬人萬色이다.
- 모든 혜택을 감사히 수용하라.
- 서로 잘 연결되고 끈끈해야 거미줄 구실을 한다.
- 혼자가 더 좋은 점이 있다.

이런 것들의 힘에 밀려서 나는 N. C. 실버타운에 들어가기로 결심했다. 그동안 나의 정과 손때가 묻은 집을 자식에게 물려주고 최소한의 짐을 챙겨서 유료 노인시설로 옮겨온 것이다. 내 인생 끝자락의 보금자리이고, 내 인생을 결산하는 마지막 장소가 될 것이다. 결정하고 나니 더 없이 오롯하다. 내 보금자리를 정하는 것은 무 존장尊長의 시대, 핵가족의 시대에 발을 맞추는 것이고, 이 과정을 이루기 위해 나는 톨스토이가 한 다음의 말을 항상 따를 것이다. "중요한 일을 하는 사람은 늘 단순하다. 쓸데없는 일을 생각할 틈이 없기 때문이다."

4-2
나는 공허하거나 무료하지 않다

나의 일주일은 스케줄이 꽉 차 있다. 이렇게 일주일을 보내고, 이런 일주일이 모여 한 달이 되고, 일 년이 된다. 공허하거나 무료할 틈이 없다.

월요일이 되면,
달밤에 임을 그리고 임을 만나듯이
친구들과 만나고 교신을 합니다.
대상은 열 명 정도가 목표입니다.

화요일이 되면,
공부에 불꽃을 피워 봅니다.

항상 읽고 쓰는 일을 게을리하지 않는다.

인문고전을 들추고 특강을 듣고
수필 몇 줄을 적어봅니다.
적어도 100자 쓰고 1000자를 읽습니다.

수요일이 되면,
물과 가까이 합니다.
목욕, 수중체조가 그것이지요.

점점 노쇠해지며 힘겨운 일이기도 합니다.

내 몸에 적당하게 알맞게 합니다.

목요일이 되면,

나무와 숲속이 생활무대가 되지요.

숲속을 걷거나 그루터기에 앉아 쉬거나 합니다.

하루 10000보 걷기가 실현되는 날이기도 합니다.

금요일이 되면,

재테크를 나름대로 계획하거나

금융기관을 찾아 생계비를 챙깁니다.

자식에게 짐 지우지 않기 위해서입니다.

가진 것 다 쓰고 죽기 위해서입니다.

토요일이 되면,

흙과 함께 하려고 노력합니다.

텃밭 가꾸기 화분관리가 주요 일이지요.

흙에서 온 이 몸, 흙과 친하게 지내다가 흙으로 돌아가기 위해서입니다.

흙 내음과 더불어 햇빛, 싱그러운 공기와 접하니 좋습니다.

일요일이 되면,

하늘과 종교를 생각하고 명상합니다.

텔레비전의 종교 채널를 보거나, 철학 강의 청취를 하고

명상을 즐깁니다.

편안히 쉬고 생각을 가다듬는 좋은 기회입니다.

일주일이 쏜살같이 지나갑니다. 세월은 화살과 같아서 너무 빨리 나의 곁을 지나갑니다.

4-3

품위 있고 고상한 어른 되기

노년 십계명

1. 일일이 참견 말라
2. 이의를 달지 말라
3. 삼갈 것은 삼가라
4. 사사로움에 집착 말라
5. 오만하지 말라
6. 육신의 건강에 감사하라
7. 칠칠맞게 살지 말라
8. 팔팔하게 살아가자
9. 구질구질 하지 말라
10. 십시일반 적선하라

Healing

아래의 일반적 병리 현상을 치유하려고 한다.

· 사람은 있어도 인격이 없다

· 지식은 있어도 지혜가 없다

· 기능은 뛰어나도 양심이 없다

· 미사여구는 많아도 믿음이 적다

· 종교는 있어도 헌신은 없다

· 권리는 주장해도 책임질 줄 모른다

· 쾌락을 꾀해도 땀 흘려 일할 줄 모른다

· 투쟁할 줄은 알아도 협동할 줄 모른다

· 저주할 줄은 알아도 감사할 줄 모른다

· 받을 줄은 알아도 줄 줄은 모른다

· 사물을 볼 줄은 알아도 관조할 줄은 모른다

· 생각할 줄은 알아도 명상할 줄은 모른다

· 물질 충족에는 집착할 줄 알아도 정신적 가치에는 소홀하다

· 형이하학은 있어도 형이상학은 없다

· 재기는 넘치나 겸허하지 못하다

· 흥미는 있으나 저속함에 머물고 있다

· 인기는 있으나 덕망이 부족하다

· 매력이 넘치나 여유가 없다

· 경쟁자는 있어도 이웃은 없다
· 종교는 있어도 기도는 없다
· 가정은 있어도 교육은 없다
· 경사經師는 있어도 인사人師는 없다
· 마을은 있어도 어른은 없다
· 회사는 있어도 주인은 없다

노후생활

· 건健테크가 가능한 곳
· 물, 공기, 경관, 햇빛의 천혜天惠
· 재財테크가 가능한 곳
· 무리 없는 경제생활
· 합리적 재무관리
· 비영리법인의 혜택
· 우友테크가 가능한 곳
· 명문화 사회
· 다양한 인종과의 사귐
· 새로운 노인 친구 만들기

의식주

1. 식食

· 구미에 맞고 영양가치가 있고 변화와 조화調和가 있음

· 한·양·일식 혼합, 노인건강 제일주의, 위생과 정결

2. 의医

· 인근에 의·병원시설과 의료진이 있고, 또 연계되어 있음

3. 주住

· 쾌적, 청결, 보습, 평안, 채광, 전망, 접근성, 편리, 편의시설, 건강, 문화, 부대시설, 주변의 경광, 산책로

자연과 놀자

자연에서 태어나 자연 속에서 살다가 자연으로 돌아가는 게 인생이라 했던가? 나이 80이 넘으면서 자연과 어떻게 하면 잘 놀 수 있을지를 고민하게 된다. 자연은 위대하다. 자연은 신비스럽다. 자연은 아름답다. 들은 풍월이 아니고 체감하는 차원을 넘어 마음의 핵심부를 두드리는 실재이다. 자연은 건健테크, 재財테크, 우友테크, 시時테크에 도움이 되고, 무력함, 고독함, 병약함, 생활고를 어느 정도 해소하며, 불균형, 고식적, 불결, 활동부족, 망각증 등의 노화 방지에 좋다. 이를 잘 지키면 품위 있고, 고상한 어른으로 노년을 살 수 있으리라.

4-4

끝자락의 디자인

일요일이 되면 따로 사는 자식들이 손주들을 데리고 와서 온통 북새통을 치다가 돌아간다. 따로 사는 동안 모아두었던 시끄러움을 죄다 풀어놓는 듯한 느낌이다. 실내가 온통 놀이터가 되고, 손닿는 대로 물건을 어질러놓고 때로 망가뜨리기까지 하니, '손주가 찾아오면 기쁘나, 돌아가면 더 기쁘다'는 주변사람들 말이 실감난다.

얼마 후 아이들을 돌려보내고 나는 잠시 상념에 젖는다. 그러고 있자니 중국의 문인 유속원이 쓴 안면문답顔面問答이 떠오른다.

입과 코 그리고 눈은 자신들이 늘 눈썹 밑에 자리하고 있

는 게 못마땅하였다. 어느 날 이 셋이 눈썹에게 따졌다.

"당신은 왜 늘 우리들 위에 앉아서, 별로 하는 일도 없이 고고한 척만 하고 있는 거요?"

눈썹은 미안하다는 표정을 지으며 대답했다.

"과연 자네들은 사방을 바라보고 호흡을 하며 음식을 섭취하니 수고가 많구나. 나는 이 점을 늘 고마워하고 있어. 하지만 부끄럽게도 나는 도움이 되는 일이라고는 별로 없지. 그래서 미안하다고 여기면서도 그냥 이 자리를 지키고 있을 뿐이라네."

눈썹은 잠시 후 다시 말을 이었다.

"더군다나 지금까지는 내가 눈, 코, 입이 하는 일을 지나치게 참견하며 살아온 것 같은데, 그건 큰 잘못이었어."

이 말이 끝나자 옆쪽에 붙어 있는 귀가 한마디 거들었다.
"옆에서 듣자하니, 거, 댁들은 세상 환한 앞면만을 보고 있어서 다른 쪽의 소중함을 모르고 너무 자기의 공만을 내세우는 것이 아닌가. 내 짧은 생각에는 눈썹의 존재 가치를 인정하고 대우하는 게 옳을 것 같소. 만약 눈썹이 그대들의 위에 없었다면 비가 내릴 때, 땀이 흐를 때, 누가 그대들을 보호해준단 말이오? 이게 다 묵묵히 빗물을 맞고 땀을 막아준 덕분이 아니겠소?"
눈, 코, 입은 더 이상 따질 말을 잃었다. 그들은 눈썹이 가만히 있는 것 같아도 사실은 중요한 역할을 하고 있었다는 것을 깨닫게 된 것이다.

이런 생각을 하는 동안에 밖은 점점 어두워져간다. 자식들의 무사 귀가를 바라면서 창밖을 바라본다. 그리고 생각은 다시 이어졌다. 나는 어느새 눈, 코, 입과 같은 자식들 위에 자리하고 있는 눈썹이 아니겠는가? 내 나이 인생종반이 되다보니 지금을 생의 전환점으로 삼아야겠다는 생각이 번쩍인다.

주변을 정리하고 마지막 생활 설계를 할 차례가 되었다고 통감하였다. 그래서 가장으로서 내 가정의 큰 얼굴을, 즉 시대감각에 맞고 현실적인 그림을 그려보기로 하였다. 그것은 한마디로 홀로서기 모범노인이 되어야겠다는 의지 굳히기이다.

오늘날 시대적 흐름을 볼 때, 가족제도의 양상이 종래의 대가족 제도에서 중소가족제도로 그 다음에 핵가족제도로 바뀌었다. 요즘은 1인 가족도 많이 생기는 모양이다. 물론 이것이 진리이거나 모든 사람이 받아들일 수 있는 것은 아니겠지만 오늘날이 홀로서기가 강조되는 세상인 것은 사실이다. 나는 근래 5년 남짓을 아내 병간호를 할 처지에 있었다. 그동안 많은 처지의 사람을 목격하면서 홀로서기의 노후생활을 고민하였다. 아니 누워 있는 아내가 나로 하여금 홀로서기 훈련의 기회를 만들어주었는지도 모른다.

아내를 저 세상으로 먼저 떠나보내고 나는 결심을 하였다. 자식이 셋이나 있으나 자식들과 사는 것은 옳지 않았다. 나는 지극히 독립적이고 자립적인 사람이라 남은 여생을 단단한 소나무처럼 홀로 보내고 싶었다. 타인에게든 가족에게든 폐를 끼치지 않는다는 것이 내 여생의 큰 목표이기 때문이기도 하다. 그래서 이를 위한 설계에 착수했다. 가산家産 등 주변 정리와 내가 거처할 장소 선정이 큰 과제가 된 것이다.

나의 마지막 둥지가 될 거처지 선정 기준은 첫째, 시설 설치자의 공신력, 둘째, 도시와 가족으로부터의 접근성, 셋째, 시설과 인프라, 넷째, 운영의 전문성 등이다.

이럴 때 노후생활의 기본 요건은 의(의료시설 및 의료 서비스), 식(영양식, 위생관리의 전문성), 주(쾌적하고 편안하며 따뜻하고 안전한 건물과 방)이다. 그리고 건健테크와 재財테크와 우友테크가 가능한 곳이라야 좋고, 아무튼 노인 생활에 관한 전문성을 수혜할 수 있는 여건을 유심히 살폈다.

사람이 인정받고 존경받을 자질을 닦아 나가기 위해선 죽을 때까지 배우고 수행해야 한다. 이런 과정들이 한 사람이 존경받을 수 있게 하는 요체가 된다. 부단히 노력해야만 인간으로서의 지성과 감성과 영성이 업그레이드되어, 노년의 삶이 아름다워지고 존경받는 것은 너무나 당연한 일이 아니겠는가? 가족과 친지뿐 아니라 대 자연 대 생물 대 인간에 있어 원숙해질 것이다. 이것이 나의 마지막 신념이자 각오이다.

생의 끝자락을 원하는 대로 디자인하기 위해 직접 정한 가훈을 방에 걸어두었다.

이러한 문리적 기반 위에서 자유롭고 편안하게 지내며 그 속에서 독서와 여행이란 내 취미를 살려가면서 음악, TV, 영화 등 문화생활로 즐겁게 산다면 이것이 행복이고 이것이 생生의 지혜가 아니겠는가? 나는 이처럼 생의 끝자락을 내가 원하는 대로 디자인한다.

이런 디자인이 현실화 되면 나의 지성과 감성과 영성은, 업그레이드되고 노화와 병마는 접근하지 못할 것이라 믿는다. 그리하여 나는 마음에 새긴 글귀를 두 폭의 족자를 만들어 방에 걸어놓았다.

樂山 … 산과 함께 즐기고
樂水 … 물과 함께 즐기며
樂死 … 즐겁게 죽음을 맞는다

더 많이 움직인다
끊임없이 배운다

4-5

그대로와 섞임

친목 모임의 일로 K선생과 부산에 갔을 때의 일이다. 왕복 기차표를 예매하고 갔는데, 용무가 예정보다 빨리 끝나는 바람에 10시간의 여유가 생겼다. 이 시간을 나는 항구도시에 왔으니 바다를 즐기자 했고 K선생은 부산을 에워싼 금정산 능선을 타자고 했다. 요수樂水냐 요산樂山이냐다. 부산은 무어라 해도 항도이고 바다의 정기가 서린 곳인데, 나는 내심 바다를 즐기는 것이 당연한 것을 놓고 공연한 줄다리기를 한다고 생각했다. 그러나 결국 나는 선조들의 호양부쟁好讓不爭의 덕, 『산해경』에 기록되어 있는, 양보하여 다투지 않는 동이인의 민족성을 본받아 K선생이 하자는 쪽으로 양보하였다.

금강산도 식후경이라 우선 아침식사를 하려고 찾은 집은

'24시간 해장국집'이었다. 한데 컴컴한 채 문이 닫혀 있으니 그 간판이 무색했다. 할 수 없이 등산로 입구에서 식사할 요량으로 길가에 나왔다. 그리고 통행인에게 길을 물으니 얼마 안 되는 거리니까 택시 타고 가라는 것이었다. 택시 요금 5500원이 나오는, 얼마 안 되는 거리란다.

등산로 입구에서 찾은 집은 재첩국과 소머리국밥을 하는 음식점이었다. 소머리국밥을 청했는데, 영 서울에서의 맛이 아니다. "와 들다만 보고 있는교, 이 국물 마시믄 정력에 좋은 기라, 그래가 아침은 남자들이 말케 와 안 사묵나." 나이든 주인 아주머니가 먹기를 권한다. 나는 소머리고기와 재첩국물이 섞인 것이 아닌, 그대로의 재첩국을 따로 시켜 먹었다.

잠시 후 풋풋하고 펄펄한 이곳 등산객들과 어울려 버스를 타고 금정산 중턱까지 갔다. 우리는 등산 준비가 전혀 안 되어 있는 데다 길조차 잘 몰라 갈림길에서 머뭇거리고 있었다. 그때 등산복 차림의 한 60대 남자를 만났다. 초면인데도 친근감이 가는 사람이다. "이 산 준턱(중턱)에서 저 전산(정상)까지는……" 하고 'ㅇ'을 'ㄴ'으로 발음해서 이상하게 여겼더니, 재일교포 2세라고 한다. 한국·하와이·일본에 한 채씩의 집을 가지고, 부부가 철새처럼 옮겨 다니며 산단다. 한데 겨울철은 이곳 부산에서 지낸다는 것이다. 이유인즉 신경통을 앓고 있는 부인이 온돌방을 선호하기 때문이란다. 한국말로 더듬거리다가 우리의 연치가 일본어를 알아들을 것으로 판단해서인지, 어느 대목에 가서는 일본어로 말한다. 어머니와 처가 일본인이란다. 검은 눈썹과 구레나룻과 특이한 눈언저리의 생김새로 보아 일본인과의 혼혈이 완연하다. 일본의 피와 문화가 흠씬 섞여 있는 그에게, 우리는 한국의 전통문화와 왜곡된 일본역사를 바로잡는 내용의 화제를 적당히 섞어가며 대화를 이어갔다. 그는 어릴 적에 아버지로부터 한국말과 한글을 약간 배웠을 뿐, 모국에 대해 너무 몰랐음을 시인한다. 우리는 이곳 남문에서 올려다 보이는 제일전망대로 발을 옮겼다. 바다에서 불어오는 바람은, 체내의 노폐물을 모두 제거해주는 기분을 맛보게 한다. 듣던 대로 금정산은 곳곳에 기암괴석이 함께 어울려 있고, 산성이 산줄기를 따라 굽이굽이 둘러 있는 좋은 산이다.

산성은 삼국시대의 것으로 추측되나, 지금 보이는 것은 조선 숙종 때 축성된 것이란다. 비록 허물어져가는 부분이 있지만, 자연석들과 섞이지 않으려고 애쓰고 있는 것처럼 보였다. 그리고 내려다보이는 강·바다·산도 제 모습을 보전하려는 듯 의젓해 보였다. 사람들이 자연을 즐겨 찾는 것도 어떻게 보면, '섞임'의 세계를 벗어나 '그대로'의 세계를 동경해서인지도 모른다.

케이블카 타는 곳을 옆으로 비켜서 내려가니, 맛좋기로 유명한 이곳 산성 막걸리를 마실 기회가 생겼다. 밀주 금지시대에도 특별히 양조를 묵인했었다는 토산주이다. 도토리묵을 곁들인 한 잔 술맛은 과연 일품이었다. 재일교포는, 토산주 특유의 맛과 우리 둘의 산행 스태미너가 대단하다고 찬사를 거듭 보낸다.

이 말이 일본인 특유의 혼네(본심에서 우러나온 말)인지 다데마에(겉으로 내세우는 말)인지 알 수 없지만……. 나도 그에게 친절과 완벽할 정도의 준비성과, 길 안내의 정확성을 칭찬해주니 좋아한다. 그는 뒤따라오며, "한국 사람이 스케일은 큰 듯하지만 너무 적당주의라서……. 길을 물어도 몇 번 확인해야 하고……. 새치기 잘하고, 여자들은 예쁜데 너무 꾸밈이 심한 것 같고……." 나는 몇 시간 전에 들렀던 문 닫힌 '24시간 해장국집'과 택시 요금 5500원 거리를 얼마 안 된다고 안내받은 일 등이 상기되어 그의 지적에 변명의 여지가 없었다.

드디어 물어물어 찾아간 석불사石佛寺에 당도했다. 둘러싸인 암벽에 절묘하게 양각된 여러 마애불상들. 이곳을 병풍 암이라고 하는 뜻을 금방 알게 한다. 석가모니불·비로자나불·미륵존불, 16나한·사천왕 등이 있는데 모두가 단단한 화강암

몸체만큼이나 자기를 오래도록 간직하겠다는 의지를 보여주는 것 같았다.

부산은 사람이나 문화가 서로 섞임이 많은 곳이다. 1884년에 가장 먼저 부산 땅을 밟은 서양인 선교사 알렌은, 부산을 '왜색이 짙은 유랑민의 도시'라고 표현했다고 한다. 그도 그럴 것이, 원래 이곳은 봉건 신분질서에 염증을 느끼고 모여든 유랑민의 도시로 시작된데다, 개항과 함께 밀려들어오는 외세, 그중에서도 지리적으로 가장 가까운 일본과의 교류와 섞임이 두드러졌을 터이니 말이다.

그 후 광복과 함께 해외의 때를 묻혀 들어오는 수많은 귀향동포, 한국전쟁 때의 절박한 상황에서 밀려오는 타지방 사람들, 유엔군의 진주……. 이로 인한 문물의 섞임이 한층 더하였을 것이다. 오늘날에 와서는 일본과의 국교 정상화 등 수교국들과의 급속한 무역량의 증가, 빈번한 인적 교류, 안방에까지 파고들어오는 전파매체 등으로 복잡하다.

그러나 전통·신앙·풍습을 끈질기게 지켜오는 곳도 부산이란다. 듣자 하니 마을의 수호신인 당산堂山 117개와 고목, 풍어를 기원하고 마을의 안택을 비는 동네의 제사행사 등, 옛 그대로를 보존하고 있는 점은 타의 추종을 불허할 정도란다. 또한 어긋치기(외지 사람)와 자신들을 구별하려는 이곳 사람들의 경향이 있다 하니, 이는 배타성이라기보다 마구잡이 섞임을 견제하는 하나의 기제機制 작용이 아닐지.

이제 먼 앞날은 내다본다. 이 땅의 모든 것과 역사의 흐름은, 결국 '그대로'의 보존과 '섞임'의 과정이 아닐까? 빠르게 혹은 아주 서서히. 부부생활만 해도 따지고 보면 서로의 '그대로'와 '섞임'이 작용하는 생활의 장場으로 볼 수 있다. 전혀 다른 두 이성의 특성을 서로가 나누면서 섞이고, 사귀고, 피를 섞어 자녀를 만드니 말이다.

하산 후 동래 온천수에 몸을 담그니 한 가닥의 생각이 스쳐간다. 과일나무 접붙이기가 그것이다. 뿌리 잘 내린 야생 고욤나무에 고품종 감나무 가지를 접붙이고, 야생종 아그배나무에 우량종 배나무 가지를 접붙임으로써, 더 좋은 감나무와 배나무를 만드는 과수 품종개량법을 들은 적이 있어서이다. 잘 내린 재래종의 뿌리와 튼튼히 자란 야생종 밑동에, 외래의 새 품종 가지를 접붙여서 고품종의 열매를 맺게 하는 접붙이기……. 어차피 인류의 역사가 '섞임'의 과정을 피할 수 없는 것이라면 이런 접붙이기식의 '섞임'이면 오죽이나 좋을까? 재래종의 뿌리와 밑동을 튼튼하고 실하게 하는 일을 중시하고, 이를 선행하는 그런 섞임 과정과 취사선택하는 지혜가 필요한 때이다.

기차를 타고 창밖을 내다본다. 초겨울 하늘이 두드리면 소리가 날 것처럼 청량하다. 금정산 정상에서 내려다본 젊고 생기 있는 부산의 모습과, 산기슭, 과수원이, 시네마스코프 Cinema-Scope가 되어 나타나더니 이내 사라지는 것이었다.

4-6

당당한 어르신 되기

인생은 과정이다. 사계절이 바뀌어가듯, 변해가는 것이다. 자연이 철에 따라 의미와 아름다움을 달리하듯 인간도 나이를 먹어가며 그 의미와 아름다움을 달리한다. 유년시절에는 천진미, 소년 시절에는 발랄미, 청년시대에는 열정미, 장년시대에는 안정미, 노년시절에는 원숙미로 아름답게 빛난다.

숱한 고개를 넘고 시간을 넘어 여기까지 온 것이다. 이웃 나라에서는 노년기를 숙년이라 한다 하니 합당할 것 같고, 우리나라에서도 늙은이를 어르신으로 호칭하는 것은 같은 맥락의 호칭이라 하겠다.

그런데 호칭보다 더 중요한 것이 있다. 바로, 인식이다. 특히 노인 자신이 노인의 긍지를 저버리고 자신을 비하하는 태도는 옳지 않다. 또한 사회 일부에서도 노년을 비하하는 현상이 보인다. 그들을 퇴물, 귀찮은 존재, 부담스러운 존재, 추한 존재로 매도하고 있다. 예를 들어, 노인이 무대에서 공연할 때, 옷차림이나 행동, 말씨 등을 어린이 또는 젊은이처럼 흉내 내는 장면들을 보면 역겨움을 느낀다. 노인에게도 나름의 아름다움과 노인다움이 있다. 옛날에는 도사나 산신령의 모습은 노인의 상징이었고 존경의 표상이었다.

석양과 황금 벌野의 아름다움, 가정 안에 노송으로 표현되기도 했다. 젊은이들의 귀감이 되기도 했고 존경의 대상이 되기도 했다. 노년의 아름다움을 지키고 또한 만들어나가는 노력을 강조하는 이유가 여기에 있다.

흰머리에 어울리는 흰색의 옷을 단정히 입는다든지, 수염을 곱게 기른다든지, 온화하고 원숙한 얼굴 표정을 유지한다든지, 여러 가지 힘쓸 바가 없지 않다. 이에 노인의 품위 유지를 위한 무재칠시無財七施를 상기해본다. 노인의 생활에 많은 시사를 주기 때문이다.

무재칠시란 돈이 없어도 베풀 수 있는 일곱 가지의 방법을 적은 글이다. 누군가가 '인생 전반前半은 싸우면서 이룩하고, 후반後半은 남을 도우며 베푸는 시기'라고 했다. 어느 떡장수 할머니가 평생 모은 돈 수십억을 학교 재단에 기부한 이야기,

돈 있는 독지가가 가진 재산을 국가·사회에 환원시킨 미담이 전파를 타고 전해온 적도 있다. 한데 인간이 인간들에게 베푸는 데는 재물을 나누는 일 말고 서로 간의 바람직한 만남을 통한 베풀기가 있는 것이다. 그것도 아주 일상적인 데서 말이다. 자신이 그런 도움을 받기에 앞서 먼저 남에게 베푸는 것을 전제한 무재칠시가 그것이다.

첫째가 얼굴로 베푸는 안시顔施이다. 좋은 얼굴 표정, 온화하고 평화로운 표정은 사람들에게 따뜻함과 즐거움과 희망을 준다. 지루함과 짜증스러움과 괴로운 표정을 나타내서는 안 된다는 것이다. 모나리자 여인상을 높이 평가하는 것은 잘 묘사된 그의 평화롭고 온화한 얼굴 표정 때문이 아닌가?

둘째가 눈으로 베푸는 안시眼施이다. 다정한 눈 맞춤, 관심 있는 눈길, 즉 애정 있는 눈빛을 말한다.

셋째가 말로 베푸는 언시言施이다. 희망적인 덕담德談, 따뜻함과 사랑을 나타내는 애어愛語, 적당한 다정한 말, 고상하면서 재미있는 말 등이 있겠는데, 이를 위해할 수 있는 일에는 좋은 시 외우기, 좋은 수필 읽기 등이 있을 것이다.

넷째로 마음 씀씀이로 베푸는 심시心施이다. 진실한 마음에서 우러나오는 정신적 동반자가 되어주는 것이다.

다섯째로 몸으로 베푸는 신시身施이다. 손잡아주기, 머리 쓰다듬어주기, 주물러주기, 부축해주기 등이 이에 속한다. 즉 피부접촉으로 다정함을 나누어 주는 것이다.

여섯째로 앉을 자리를 마련해주는 좌시坐施가 있다. 대화할 때의 자리, 식사할 때의 자리를 마련해준다든지 쉴 곳을 마련해준다든지, 잠자리를 펴주는 일 등이 있겠다.

일곱째가 상대방의 마음을 살펴주는 찰시察施이다. 상대방이 지금 무엇을 원하나, 어떠한 마음인가, 건강상태는 어떠한가 등을 세밀하게 살피는 일이다. 역지사지易地思之, 즉 바꿔 놓고 생각해보는 것도 여기에 속할 것이다.

나는 여기에서 코에 베푸는 향시香施와 귀로 베푸는 청시聽施를 더 추가해본다. 즉 좋은 냄새를 주기 위하여 몸과 의상을 정결히 하고 세제와 화장품에 신경 쓰면 향시香施가 될 것이고, 남의 말을 들어주고 바로 이해해준다면 귀로 베푸는 청시聽施가 될 것이다.

우리는 '당당한 나'로 돌아가야 한다. 내가 무엇보다 소중하고 내가 중심이 되어야 한다. 할미꽃은 장미꽃이 될 수 없음을 일찍이 알고 그를 닮으려는 헛된 생각 않고 자기 꽃을 아름답게 꽃피우는 것처럼, 우리들의 노후를 꽃피우는 노력과 지혜를 발휘하는 게 순리이고 현명한 일일 것이다. 그리고 과거, 현재, 미래를 잇는 인생의 과정에서 현재가 가장 중요하다는 엄연한 사실을 잊지 않는다면 오늘의 노년은 무엇보다 소중하고 당당하다. 그래서 어르신들은 당당하다.

4-7

부정적 이미지 극복

N. C. 실버타운으로 입주 결정 전후하여 들려오는 말이 많다. 긍정적 말보다 부정적인 말이 더 많은 느낌이다.

첫째, 입주가 너무 빠르다는 의견과 너무 늦다는 의견이다. 전자는 죽으러 가기에는 너무 빠르다는 것 같고, 후자는 이 좋은 곳에 더 빨리 와서 누리지 그랬냐는 뜻 같다.

둘째, 노인들의 병과 죽음의 분위기, 회색과 늙은이 냄새가 가득한 곳에 왜 서둘러 가느냐이다. 어디에나 있는 노인 세계의 실상인데 새삼 거론하는 게 특별하지 않게 들린다.

셋째, 비용이 비싸다는 의견이다. 좀 따져볼 일 같다.

넷째, 답답하게 구속받고 살거나 친구들도 적을 것이라는 걱정도 있다.

이상과 같은 의견을 일부 받아들이면서 반론을 펴본다.

첫째, 사람마다 모두 사정이 다르고 생각이 다르다. 지난날은 삼인삼색이니, 십인십색이니 했지만 오늘날은 백인백색, 만인만색이란 말이 합당하리만치 다양하고 개성적이다.

이곳에 입주 후 개관해보니, 사람들마다 이유가 천차만별이다. 치유를 위해서, 웰빙을 위해서, 가정사의 복잡함이나 갈등을 해소하기 위한 도피형도 있고, 더 편안하고 자유롭고 독립적인 생활을 하려는 개방형도 있고, 고려장 개념을 가진 분도 있고, 노후에 누릴 수 있는 낙원의 꿈을 가진 분도 있다.

둘째, 부정적인 견해에는 노인 수용소처럼 보는 견해도 있었다. 그러나 입주해보니 그렇지만도 않다. 노후를 사막화되는 시기나 어둠이 깔리는 항구로 비유하는 이가 있다. 그렇다. 부정할 수 없는 비유다. 어느 누구도 피할 수 없는 자연현상이기 때문이다. 그러나 노인들이 모여 있다고 해서 노인 수용소는 아니다. 오히려 젊은이들보다 더 젊게 살고 열정이 넘치는 사람들이 많다. 실버타운의 시설이나 문화 강좌, 케어 하는 시스템이 거의 완벽하다. 요즘은 맞은편에 이웃하고 있는 경희대 학생들이 찾아와 친구로 지내고 있다.

셋째, 비용 문제인데 나의 경우 아내를 병원에 입원시키고, 5년 정도를 혼자 아파트에서 살았다. 관리비, 외식비, 교통 통

경희대 학생들과 함께하는 한일 교육문화 교류 모임.

신비, 세금, 위탁비 등등을 합산해본 것과 이곳의 생활비에 큰 차이가 없다. 보증금은 전세 개념으로 따지니 이도 큰 부담이 아니다. 묶어놓은 돈이 있어서가 아니라, 이즈음 전세금이 만만치 않다. 살던 집을 팔거나, 전세 놓고, 그 돈으로 입주 보증금을 충당하니 큰 부담이 아니었다. 각자의 형편에 비추어볼 일이지만 나는 그렇다.

넷째, 구속적인 공동체의 개념이 있지만 식사시간 외에는 개인을 구속하는 제도나 분위기는 전혀 없다. 다양한 생활 프로그램이 마련되어 있지만 어디까지나 개인의 취향이나 형편에 따라 결정지을 선택이다. 백화점의 그 많은 상품 중에서 선택, 선별해서 구입하듯 선택하면 되기 때문이다.

이로써 실버타운에 입주하기 전에 들었던 부정적인 말들은 시냇가의 냇물처럼 멀리 떠내려갔다. 나는 이곳에서 당당하게 혼자 살고 있다. 내 나이 또래의 이웃들과 담소를 나누거나, 문화 강좌 프로그램을 이용하거나, 자연과 벗하면서 시간을 보낸다. 최근에는 경희대에서 봉사 활동을 하는 젊은 대학생들과도 대화를 나누며 젊어지고 있는 중이다.

4-8

좋은 습관 플러스

균형 잡힌 삶

균형을 유지해야 한다. 균형이 깨지면 금이 가고 기울고 무너지게 마련이다. 집, 빌딩 등 건축물이 그렇고 바다에 뜬 배가 그렇고 하늘에 뜬 비행기가 그렇다. 사람도 다른 생물체와 함께 예외일 수 없다. 생명체 중 식물보다는 동물이, 동물보다는 인간이 더 민감할 것이다.

인간은 식물의 속성과 동물의 속성을 갖고 있고 그 위에 영장류로서의 정신세계와 영성까지 지녔기 때문에, 균형을 잃을 가능성이 더 많다. 가시적인 물질적, 신체적 면에서의 균형 외에 정신적, 지적, 감성적, 영적인 균형유지 또한 인간의 생명 유지에 불가결한 것이다. 인생 과정의 면에서 보더라도 그 내용과 방법과 생활 등에서 깊이 고려해야 할 문제인 것 같다.

균형을 유지하기 위해 여기서 생활적인 부분의 계획과 생활 리듬을 위한 하나의 예를 들어보고자 한다. 요일별 생활계획이다. 이는 내용과 방법, 두 양면을 아우르는 구상이기도 할 것이다.

일日요일 : 해의 날이다. 태양의 날이고 하늘의 날이고 영성의 날이다. 그래서 이 날은 종교, 즉 영계, 하늘나라, 그리고 죽음에 대하여 명상도 하고 여생의 설계나 행복한 죽음을 그려보기도 한다. 쉬면서 TV, 종교방송도 시청하고, 철학 강의를 챙겨 듣기도 하고, 선각자들의 가르침을 엮은 고전을 읽으며 메모하기도 한다. 집 밖은 젊은이의 생활공간이므로 나는 집에 칩거하는 것이 상례다.

월月요일 : 달의 날이다. 달밤에 연인과의 만남을 연상하면서 만남, 친교, 식당이나 찻집에서의 대화, 전화통화, 편지쓰기 등을 한다. 우友테크라는 말이 어울릴지도 모른다.

화火요일 : 불의 날이다. 불과 같은 열정으로 학습하는 날이다. 평생 학습의 정신으로 영원히 살 것처럼 공부하는 날이다. 학이시습學而時習 불역열호不亦說乎라는 공자님 말씀이나, 죽는 날까지 배운다는 이스라엘 사람의 말은 어느 인종이던 배움을 중요시 여긴다는 뜻이 아니겠는가. 또한 배움은 급

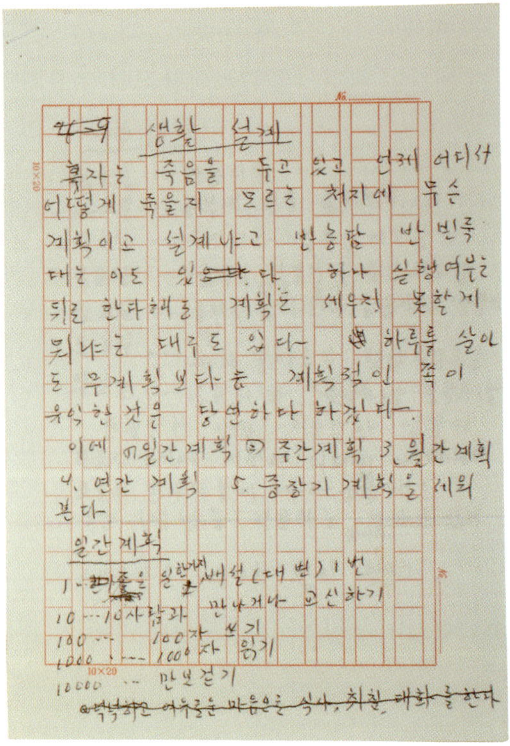
생활 설계

혹자는 죽음을 두고 있고 언제 어디서 어떻게 죽을지 모르는 처지에 무슨 계획이고 설계냐고 반응할 반 빈축대는 이도 있을 것이다. 하나 실행여부는 뒤로 한다해도 계획은 세우지 못할게 뭐냐는 대주도 있다. 하루를 살아도 무계획보다는 계획적인 쪽이 유익한 것은 당연하다 하겠다.

이에 1)일간계획 2) 주간계획 3. 월간계획 4. 연간계획 5. 중장기 계획을 세워본다

일간계획

1 ... 일한번씩 배설(대변) 1번
10 ... 10사람과 만나거나 교신하기
100 ... 100자 쓰기
1000 ... 1000자 읽기
10000 ... 만보걷기

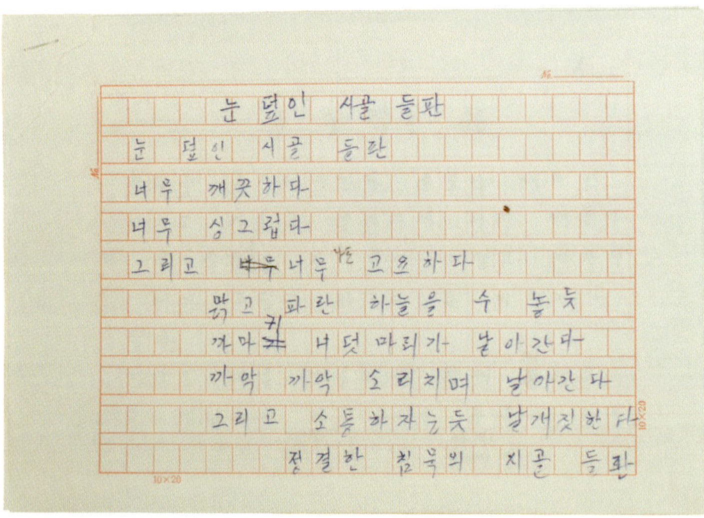
눈 덮인 시골 들판

눈 덮인 시골 들판
너무 깨끗하다
너무 싱그럽다
그리고 너무 고요하다
맑고 파란 하늘을 수 놓듯
까마귀 너덧 마리가 날아간다
까악 까악 소리치며 날아간다
그리고 소통하자는 듯 날개짓한다
정결한 침묵의 시골 들판

매주 화요일 빠짐없이 수필을 쓴다.

변하는 이 사회에 호흡을 같이 하기 위해라도 끊임없이 해야 한다. 매주 화요일, 나는 문화강좌 참여, 각종 세미나·포럼 참여, 서점 찾기, 독서하기, 때로는 명화감상 전시회, 음악회 등 문화 산책 등을 적극적으로 한다. 수필쓰기도 시도한다. 뜨거운 열기를 발휘하는 날이랄까?

수水요일 : 물의 날이다. 물과 가까이하는 날이다. 목욕은 필수고, 수영, 바닷가나 물가를 찾아 즐긴다. 자연을 보며 명상도 하고 관조도 한다. 상선약수의 노자 가르침도 음미해보곤 한다.

목木요일 : 나무의 날이다. 숲 속을 산책하거나 가벼운 등산을 하는 날이다. 자연과 하나 되는 날이라고 할까? 공기, 경치, 새소리. 발밑에서 솟아오르는 힘, 시나브로 촉촉해지는 피부, 스쳐가는 바람이 땀을 씻어줄 때의 촉감은 다음 목요일을 기다리게 한다.

금金요일 : 돈을 챙기는 재財테크의 날이다. 그러나 물욕을 경계하고, 무소유의 미덕을 지키며 균형을 잡는다. 노후생활에 필수불가결한 것 중 하나는 자기 생활을 유지하기 위한 최소한의 재력을 쌓는 것이다. 특히 오늘날의 자유자본주의 사회, 개인주의 사회, 고령화 사회에서는 저마다의 독립적 생활 대책으로 절대적인 필요 요건이다. 따라서 각자의 사정에 상응하는 재財테크는 필수 요건이 아닐까. 그래서 이 날은 저금 통장 챙기기, 금융기관 방문하여 경제동향 살피기, 과욕과 투기성이 아닌 방법의 재물 보존 유지, 최소한의 불리기를 시도해야 한다. 그리고 한편, 나를 위한 소비, "다 쓰고 죽어라"를 실천한다. 이 모두는 자기 생존을 위한 것이요, 누구의 신세를 지지 않는 여행의 생활 설계이다.

토土요일 : 흙의 날이다. 흙에서 와서 흙으로 돌아가는 게 인생이라 하지 않았는가? 우리는 흙과 친하고 흙을 사랑하는 게 인간의 정서적 연결고리가 아닐지. 이 날은 텃밭 가꾸기, 화분 관리하기, 논둑과 밭둑 걷기 등을 통하여 흙내음도 맡고 지기地氣도 느끼고 감지하는 것이 좋을 것이다.

생활수칙

· 다 내려놓고 산다.

· 밝은 표정과 친절한 인사말을 생활화한다.

· 남의 생활을 간섭하지 않는다.

· 작은 일에 불평하지 않는다.

· 행사에 적극 참가한다.

· 규칙적이며 리드미컬하게 산다.

· 심플하게 꾸미고 심플하게 산다.

· 자연과 함께 숨 쉬며 산다.

· 취미 및 문화적 생활에 힘쓴다.

· 운동은 알맞게 꾸준히 한다.

· 바라지만 말고 찾아서 누린다.

· 말 줄이고 경청한다.

생활 설계

혹자는 죽음을 두고 있고, 언제 어디서 어떻게 죽을지 모르는 처지에 무슨 계획이고 설계냐고 반은 농담으로, 반은 진담으로 말하는 이가 있다. 실행 여부는 뒤로 한다 해도 계획을 세우는 것은 나쁘지 않다. 하루를 살아도 무계획보다는 계획적인 쪽이 유익한 것은 당연하다 하겠다.

이에 ① 일간 계획 ② 주간 계획 ③ 월간 계획 ④ 연간 계획 ⑤ 중장기 계획을 세워본다.

① 일간 계획

1 … 좋은 일 한 가지, 배설(대변) 한 번

10 … 열 사람과 만나거나 교신하기

100 … 100자 쓰기

1000 … 1000자 읽기

10000 … 만보 걷기

② 주간 계획

월요일 … 만남의 날

화요일 … 공부에 열을 올리는 날

수요일 … 수영이나 목욕을 하는 날

목요일 … 숲 속을 거닐거나 등산하는 날

금요일 … 금전을 챙기거나 금융기관 방문의 날

토요일 … 흙과 친한 날, 텃밭 가꾸는 날

일요일 … 종교의 날, 명상하는 날, 철학하는 날

그 밖에 근교 등산은 주 1회 필히 한다.

균형 잡힌 생활, 리드미컬한 생활이 목표인 동시에 기억력 쇠퇴에 대비하여 요일의 한자 뜻에 따라 행하는 연상기억법을 적용하는 것이다. 더욱 자세한 내용은 '균형 잡힌 삶'에 설명되어 있다.

③ 월간 계획

늙으면 계절의 영향을 더 많이 받는 것 같다. 매달의 기후와 세시풍속과 국가적, 사회적, 가정적, N. C. 실버타운의 계획에 충실하도록 하는 것이다. 계절별 계획도 곁들이게 마련이다.

덧붙여, 나들이(국내여행)는 필수다.

④ 연간 계획

주로 집안의 일이나 행사를 챙기기가 주를 이룬다. 생일, 제사, 방문, 자녀, 손녀의 학업, 생업 돕는 일, 특히 외국여행 1회 이상은 필수다.

⑤ 중장기 계획

수명이 길어질 것에 대비하여 건강과 재산 관리를 철저히 한다. 고종명考終命을 위하여 자녀 빚, 남의 신세를 덜 지기 위해서이다.

계획은 계획이다. 그러나 막연히 사는 것보다 계획을 세워 계획대로 산다면, 지혜롭고 탄탄한 노후생활의 요체가 될 것이다. 나는 계획한 것을 지키기 위해 하루, 하루를 열심히 살고 있다.

4-9

나는 부자다

내가 N. C. 실버타운에 입주하자 내 주변사람 중에는 나를 좀 가엽게 생각하는 사람이 있었다. 호화 노인 시설인 줄 알았더니 여러 크기의 방 가운데 가장 작은 방에서 사는 것을 알고 초라하게 보는 지인도 있다. 그러나 지인들이 놀러 오면 나는 그들에게 꼭 하는 말이 있다. "나는 부자다"라고 크게 이야기한다. 그들은 의아한 눈으로 나를 쳐다본다. 그도 그럴 것이 한낱 전세든 세입자 신세면서 큰소리치니 말이다.

하지만 이곳에서의 생활이 작은 방 하나가 전부가 아니다. 전용 창고도 따로 있고, 7평 정도로 텃밭을 가꿀 수 있는 밭이 있다. 그뿐 아니라, 각종 편의시설이 갖추어 있는 리빙프라자(문화센터와 스포츠센터가 있다)가 바로 앞에 있고, 등산길,

마음의 보람과 행복을 엮으며 사는 사람은 곧 부자다.

숲 속 산책길, 잔디밭 등 공용시설을 자유로이 활용할 수 있다. 내 앞으로 등기가 안 되어 있을 뿐이지 내 것과 다름없다. 여기에 좋은 공기와 주변의 빼어난 경관까지 합치면 "나는 부자다" 하고 외쳐도 큰 모순은 아닐 것 같다. 나는 건물 평수로 부자다 아니다 하고 따지는 사람이 아니다. 내가 가치를 더 높게 치는 것은 자연이다. 자연을 친구로 여기고, 누구로부터도 자유롭게 홀로 서기를 하고 있는 나는 '확실히 부자다.'

노블 농원 밭은 텃밭의 개념이지만 나에겐 또 없이 좋은 생활공간이자 작업장이다. 계절과 시간에 맞추어 자주 들려서 20~30분간 햇볕을 쪼이고, 허리 굽혀 펴기 운동도 하고, 흙내음도 맡고, 때로 날아가는 새들의 노래도 듣는다. 농작물이 자라는 것을 지켜보며 내 자식처럼 대화도 나눈다. 그리고 농작물을 수확하는 기쁨을 맛보고, 이것을 나누어 먹는 재미까지 만끽한다. 잘 가꾸어진 산책길을 걷다 보면 숲 속 산책로까지 이어진다. 울긋불긋 꽃길을 눈으로 걷고, 지저귀는 새소리는 귀로 걷고, 동행자와 함께 이야기하며 입으로 걷는다. 숲내음, 꽃내음 길을 코로 걷고, 바람소리 스쳐가는 길을 피부로 걷곤 한다. 이·목·구·비를 호강시켜주는 길이라 하겠다. 걷다 피곤하면 노인 전용 의자에 앉아 사색과 명상으로 마음의 부를 쌓는다. 느긋함과 여백으로 채워진 마음의 길은 물질적인 것 이상으로 풍요롭다. 그러니 마음의 부자가 아니겠는가? 나는 분명 부자다. 정신적으로 부자다. 자화자찬일지 모르나 정신적으로 큰 모자람이 없으니 부자가 아닌가.

나는 108배는 못하지만, 하루에 감사 4배를 하고 지낸다. 첫째, 이 시대에 감사한다. 90평생 오늘처럼 좋은 시대는 없었다. 둘째, 이 나라 대한민국에 감사한다. 어느 나라를 돌아다녀보아도 내 나라처럼 좋은 나라가 없었기 때문이다. 셋째, 이 사회에 감사한다. 100퍼센트는 아니지만 오늘날과 같이 풍요로운 사회환경이 과거에는 없었기 때문이다. 넷째, N. C. 실버타운과 이곳에서 일하는 사람들에게 감사한다. 내 인생의 마무리인 나의 노후생활에 달빛 같은 고마운 빛을 비춰주었다.

이렇게 매일같이 마음으로 감사 4배를 하고 있다. N. C.에 대한 또 하나의 구체적인 고마움은 윤택한 문화생활을 할 수 있도록 도와주고 있는 점이고, 취미생활을 다양하게 할 수 있도록 여건을 마련해준다는 점이다. 오늘날 인문학의 중요성이 강조되고 있는데, 거기에 발맞추어 다양한 시설과 프로그램이 백화점의 상품만큼이나 많다. 이것을 각자의 필요와 취향에 따라 선택하여 나름대로 노후생활의 보람과 행복을 엮어 나가는 일은 입주자 각자의 몫이다.

우리 노인에겐 고통이 많다. 병고病苦, 빈고貧苦, 독고獨苦 등등 피할 수 없는 것들이다. 우리에겐 이것을 최소화하는 노력을 소명 받고 있을 뿐이다. 모든 것은 마음먹기에 달려 있다. 현재의 내 마음은 부자다. 가진 건 없어도 마음만은 부자라는 경지가 이런 것인가.

그래서 나는 부자다.

4-10

인간 대 인간의 대화

인간에겐 늙어서도 즐거움이 있다. 예부터 일러온 노후 삼락三樂이 있다. 삼락이란 식락食樂, 언락言樂, 동락動樂인데, 즉 다함께 음식을 나누어 먹는 즐거움, 체온과 체취를 함께하는 인간 대 인간의 이야기를 나누는 즐거움, 자유와 독립심의 바탕하에 소요, 나들이, 방문을 할 수 있는 즐거움을 말하는 것일 게다.

이 중에 말하는 즐거움은 세 가지 즐거움에 모두 끼어 있는 요소이기 때문에 즐거움 중에 많은 비중을 차지한다고 하겠다. 어떤 나라에서는 '대화 없는 식사는 식사가 아니다'라는 말이 있다고 한다. 한편, 인류학자들은 인간을 '말하는 동물'이라고 했다. 인간은 언어로 의사소통을 해왔고, 이를 통해 사회를 형성하고, 발전시켰다. 그렇다. 말, 말과 말, 인간과 인간 사이의 대화는 인간사회 형성의 중요한 요소이다.

나 어렸을 적에는 아이들이 올망졸망 모여서 할머니의 옛이야기를 들었다. 사랑방에서는 할아버지들끼리의 담소가 꽃을 피웠다. 시냇가에서는 빨래방망이 소리보다 동네 아낙들의 이야기꽃이 더 소란스러웠다. 밤이 새도록 끝날 줄 모르는 벗과의 술자리에서는 날이 새도록 대화가 이어졌다. 그런 날들이 많았다.

한데 지금의 현실은 어떠한가? 대화의 분위기가 일반적으로 좀 냉랭한 편이고, 따라서 대화 자체가 원만하고 활발하게 이루어지고 있지 않다는 느낌이다. 그래서 인간 대 인간이 소원해지고 따라서 소통이 미흡하기 마련이다. 인간 기피와 대화 기피의 양상도 일부에 나타나고 있으니 안타깝다.

우리나라의 일반 정서는 정情으로 연결되어 있다. 그런데 대화가 적은 곳에 정이 있을 수 없다. 냉랭하다, 삭막하다. 오늘날 이러한 경향은 문제다. 따뜻하고 아름다운 인간성이 교화되고, 사람의 숨결과 체취 속에서 이루어지는 인간 대 인간의 대화 분위기가 아쉽다. 그대로 두어서는 안 되겠다는 생각이다.

그러면 그 원인은 무엇일까?

첫째, 급격히 늘어나는 대중매체와 통신기기의 등장이다. 종편방송이 확정되면서, TV 채널은 수백 개로 늘어났고, 손안에 들어온 스마트폰은 동영상뿐 아니라, 인터넷과 연결되어 전 세계를 돌아다닐 수 있다. 이것의 순기능은 놀랍다. 그리고 예전엔 도서관에나 가서 책에서 얻던 정보를 손 안에서 순식간에 얻어낼 수 있다. 그러나 역기능으로 위에 언급한 인간 대 인간의 대화를 감소시키고 있다. 기계는 일방적이다. 인간이 기계와 소통을 하면 인간만이 유일하게 갖고 있는 감수성을 키우지 못한다. 즉 타인과의 공감대를 형성하기 어렵다는 것이다. 개인 대 개인, 얼굴에 나타나는 표정, 체온, 체취, 스킨십 등을 주고받기가 힘들어지고 있음이 아쉽다.

둘째, 빨리 빨리 기질과 대화를 중요시하지 않는 문화의 후진성을 들 수 있다. 대화를 하기 위해서는 여유와 열린 마음을 가져야 한다. 우리의 전통사회는 식사 중에 말을 하면 가난해진다 하여 대화를 억제하였으니 대화 문화가 잘 형성되었을 리가 없다. 선진국의 경우 대화 없는 식사는 식사가 아니라고 하는가 하면, 부모들이 식탁에서 대화를 통해 아이들에게 무언가를 가르치고 소통을 한다.

셋째, 화제의 빈곤과 화술의 미흡이 문제다. 오늘날 인문학이 매우 강조되고 있는데, 이것은 참으로 시의적절한 흐름이며 화제의 빈곤을 메워주는 고급 처방이 될 것이다. 물질적, 가시적 문제의 화제에서 가치와 의미를 다루는 화제가 등장할 때가 되었다. 사회의 겉모습, 즉 경제적, 제도적 면에서 한국이 고도성장을 이루었다면, 이제는 속이 찬 내면이 고급스러워질 때이다. 그것은 도덕적이고 윤리적인 것들을 다루는 일이 될 것이다. 한국은 위대한 나라다. 대화의 문화가 싹트고, 대화를 통해 토론 문화를 만들고, 토론을 통해 제도를 만들어 간다면 정신적으로 성숙한 나라가 될 것이다.

넷째, 심리적인 문제와 매너의 문제다. 대화에는 피차 마음이 열려 있어야 한다. 마음이 닫힌 상태에서는 대화가 안 된다. 주체는 '나'지만 상대방의 관여가 없다면 무의미하다. 중요한 것은 상호작용이다. 이때, 중요한 것은 "가는 말이 고와야 오는 말이 곱다"는 속담을 명심할 일이다. 좋은 말 골라하고 상대방의 말에 끄덕여주는 매너를 잊지 말아야한다. 특히 노후는 기력이 소하여 매사가 귀찮고, 잘 안 들리고 앞이 어눌해지고 기억력이 떨어지는 형편이고 보니 어쩔 수 없는 면이 있지만 의식적인 노력이 필요하다.

다섯째, 먼저 대화에 있어 말 보다 듣는 것에 비중을 더 두는 것이 좋다. 말과 듣는 비율을 1:3으로 하는 것이 좋다고 한다. 대화對話와 대청對聽의 비율을 말하는 것이다. 음성의 높이에서는 구성인원에 따라 조절이 필요하다. 두 사람일 때는 두 사람만 들리게, 다섯 사람일 때는 다섯 사람이 들을 수 있는 소리 높이가 중요하다. 그래야 다른 사람에게 피해가 되지 않기 때문이다. 그리고 대화에 있어서 재미가 있어야 한다. 즉 유머러스한 비유를 적절히 섞어서 소통의 효과를 울릴 필요가 있다. 유머는 저속한 음담패설과는 다르다. 화제의 선택에 있어서는 동향인의 모임일 경우는 고향에 관한 화제가 주를 이룰 것이고, 동창생 모임에는 모교나 동창생 소식이 주를 이룰 것이다. 동업자 모임일 경우는 업무의 내용이 주가 될 것이다. 모임의 공통분모격인 것, 공양수적인 것이 주가 되어야 한다는 말이다. 모임의 성격에 벗어나는 화제, 또는 개인에 국한된 것은 되도록 피하는 것이 좋을 것이다.

이것은 상식에 속하는 일로 대부분 지켜지고 있는 부분이지만, 일부 모임에서는 그 모임의 취지가 무엇인지 고개가 갸우뚱거려지는 경우가 적잖은 것이 사실이다. 단순히 먹으러 모인 것인지, 자랑하고 과시하려고 모인 것인지, 이익을 추구하려는 모임인 것인지, 의아스러운 경우가 목격되기 때문이다. 그저 만나는 것 그 자체에도 의미가 없다는 것은 아니지만 모임 자체의 성숙을 위해서 지적해보는 바이다. 그 밖에 예부터 금기시되어오던 '팔불출'에 해당하는 말도 삼갈 일이다.

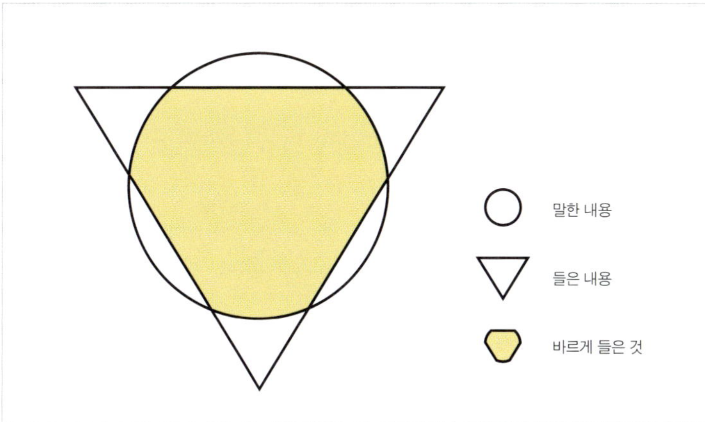

칼 뮬러Karl Muller의 언어 커뮤니케이션.

그런데 이런 대화의 요령들을 잘 알고 있어도 이야기가 조금 잘못 전달되는 경우가 있다. 대화는 말하는 이가 아무리 잘 말을 하더라도, 듣는 이와의 경험이나 생각이 다른 경우가 많기 때문에 그 받아들이는 '들은 내용'이 조금씩은 달라지기 마련이다. 전달 내용에 오류가 자주 생긴다는 말이다. 이런 작은 오류들로부터 사소한 다툼이 시작되기도 한다. 그리고 우리는 그런 경험을 통해 대화를 어렵고 무서운 것으로 인식하고 대화의 요령을 무시하고 자신의 의견만 어떻게 전달해보려고 한다. 하지만 이럴수록 대화를 기피할 것으로 여길 것이 아니라, 더욱 더 심화된 대화를 통해 전달된 내용의 오차를 줄

여나가야 할 필요가 있다. 그러다 보면 우리의 대화 내용은 한 층 더 풍부해지고 유익해질 것이다.

끝으로 이해를 돕는 뜻에서 언어 커뮤니케이션의 도표를 참고로 제시한다.

5

저 너머

5-1
죽음과 영혼에 대한 생각들

죽음

그저 사람은 때가 되면 죽는 거다 하고 막연히 관념적으로 생각하고, 남의 일로만 알고 살던 시절이 있었다. 나와는 관계없는 먼 일이라고 착각했다.

죽지 않으려고 청려장青藜杖을 짚고 다녀도, 불로초를 찾아다녀도, 보약을 장복하여도, 부귀영화를 다 누려도 결국 인간은 죽는다는 것이 역사가 증명하고 있음을 인지하게 된다. 확실히 불로장생不老長生이란 없고, 그저 사람들의 희망사항이자 욕심일 뿐임을 알게 된다.

나 또한 사람들의 도움과 시운時運의 은혜로 예까지 오긴 했지만 종말이 아스라이 보이는 90세를 눈앞에 둔 언덕에 서고 보니 죽음이란 하나의 관념이 아니라 현실로 다가온다.

TV 프로그램에서 건강과 생명에 대하여 깊고 넓은 내용을 자신만의 특유의 표현으로 시청자를 사로잡던 H교수가 60을 다 못 채우고 병사한 일, 지금까지 명랑하게 담소하던 수염 기른 호탕한 할아버지가 목욕탕에서 급작스럽게 타계하는가 하면, 조금 더 살아보려고 고가의 자동 휠체어를 타고 다니는 것을 어제까지 목격한 바 있는 뚱뚱한 할아버지가 간밤에 타계했다는 소문을 들으면 이토록 인생이 허무할 수가 있는가 싶다. 언제 ,어디서, 어떻게, 죽을 것인지 아무도 모르는 일이고 보니 허탈하기 짝이 없다. 죽음이란 그런 것이로구나 하고 이즈음 새삼 느낀다.

종교에서 죽음은 어차피 하늘에 계신 신의 영역에 맡길 수밖에 없는 문제라지만, 나는 그저 자연현상으로 가볍게 보는 편이다. 죽음이란 특별한 사건이 아니다. 꽃이 지고 낙엽이 떨어지는 것처럼 사람도 그런 죽음을 맞이하는 것이다. 그래서 속이 편하다. 우리는 죽음을 남의 일로 생각하는 경향이 있다. 무의식중에 남은 몰라도 나만은 불멸할 것이라는 막연한 믿음 때문일 것이다.

그러나 요즈음 나의 경우는 그렇지 않다. 죽음은 엄연한 사실이고 필연적으로 다가오는 것이다. 죽음을 하나의 관념으로만 따르지 말고, 가시적이고 현실적인 것으로 파악해야 한다. 그럼에도 불구하고, 종교는 종교대로 철학자는 철학자대로 속인은 속인대로 일가견을 토로한다. 영혼, 영계, 천당, 극락세계, 염라대왕, 저승사자, 환생, 소생, 부활 등의 말이 있는데 그렇게 되면 오죽 좋겠냐마는 과연 그럴까? 믿기지 않는 말이 너무 많다. 심지어는 별이 하나 떨어지면 사람이 하나 죽는다고 하는 얘기가 있었다.

그러나 죽음에서 완전히 자유롭기란 힘든 모양이다. 신문의 부음란을 보면, 사인과 연령이 마음에 걸린다. 나이가 어린 사람이면 쯧쯧, 더 살 나이인데 하고 아쉬워하고, 나보다 연상일 때는 나도 그때까지 살 수 있을까 하고 생각하게 된다.

영혼의 세계

'사람은 어디서 왔다가 어디로 가는가' 하는 명제에 대해 다른 생물과 동물하고 사람은 다르다고 생각하는 사람들이 있다. 혹자는 하늘에서 왔다가 하늘로 돌아간다고 하고, 어떤 이는 자연에서 왔다가 자연으로 돌아간다고 하고, 또 다른 사람은 인간사회에서 왔다가 인간사회로 돌아간다 한다. 의견이 분분하다. 나는 현시점에서 어리석을지 모르나 그저 모든 것은 자연현상이고 인생 일대의 과정이 아니겠느냐 하는 정도로 여기고 있다. 물론 지는 해를 바라보고, 외로움, 허전함, 쓸쓸함, 무력함 등 노년기에 부정적 측면을 경험 안 한 바가 아니지만, 남은 기간 동안에 행복을 위한 지혜를 최대한 발휘하는 데 힘을 키우는 것이 나의 일이라고 여기고 있다.

영혼계의 유무에 대해서는 아마도 수천 년에 걸쳐 인간의 관심사였음이 틀림없다. 영혼계가 있다 함은 동시에 영혼의 존재를 긍정하는 것과 통한다. 과학과 의학이 발달하기 전에는 지구에 모든 사람이 거부감 없이 인정했을 것이다. 인류의 조상은 영과의 교신, 영의 매체, 신과 통한다는 왕이나 종교의 지도자, 무당를 믿고 그들을 통해 신과 소통했다.

하늘나라에서 와서 하늘나라로 되돌아간다는 생각. 흙에서 와서 흙으로 돌아간다는 견해. 자연에서 와서 자연으로 돌아간다는 주장. 인간으로 태어나 인간으로 끝난다는 생각. 그러나 앞의 모든 견해와 주장을 편들거나 반박할 능력은 나에게 없다. 때때로 그런 견해에 수긍하기도 하고, 고개를 갸웃거리기도 한다. 나는 그런 수준이다.

다만 눈에 보이지 않으니까 있다 없다 말하는 것은 너무 편협한 생각이 아닐까 생각해 본다. 왜냐하면 눈에 안 보이는 것 가운데도 분명 실제 하는 것이 있기 때문이다. 예를 들면, 효심이라든지 양심이라든지 하는 도덕적이고 윤리적인 것은 눈에 보이지는 않으나, 분명 있는 것이기 때문에 안 보인다고 해서 없다고 단정하기는 곤란하다.

성현 공자께서도 영혼의 세계를 부정하지 않고 '이 세상일도 잘 모르면서 어찌 저 세상을 말할 수 있겠는가'라고 했고 모 철학자도 '없다는 것보다 있다고 믿으면서 이 세상을 마감하는 것이 더 좋지 않겠는가'라고 했다.

종교의 세계

일단은 재택 종교인으로 살아간다. 내 집은 법당이고, 성당이고, 교회고, 연꽃사원이다. 어느 종교나 교리의 가르침이 우주만물과 인간사에 깨달음을 전해주는 금쪽같은 말씀들이다. 이런 것이 TV 종교 프로그램에 방영되기 때문에 나는 그 무한한 혜택을 받고 있다. 각 종교의 성직자들은 자신의 종교 교리를 요령 있게 전해준다. 나는 이것을 경청한다. 특히 일요일은 독실한 재택 종교인으로 경건하게 하루를 산다.

5-2

천만 가지 바람이 되어[4]

나 죽거들랑

내 무덤 앞에서 울지 말아 주세요.

나는 그 곳에 없을 겁니다.

그대로 누워 있지 않을 겁니다.

드넓고 드높은 하늘을 돌아다닐 겁니다.

새벽이면 새들과 함께

여러 분의 아침잠을 깨게 할 것이고

밤이 되면 온 하늘의 별들과 함께

여러분의 달콤한 잠을 지켜드릴 겁니다.

봄이면 훈풍되어 새싹을 돋게 하고
여름이면 비바람 되어 땅을 적실 것이며
가을이면 볕과 함께 오곡을 열매 맺게 하고
겨울이면 눈과 어울려 겨울덮개가 될 것입니다.

나는 千萬(천만) 가지 바람이 되어
드높고 드넓은 하늘을
마냥 옮겨 다닐 겁니다.
그리고 여러분 하나하나와 함께 할 겁니다.

내 무덤 앞에서 울지 말아주세요.

---

4 1932년 미국 볼티모어의 주부 메리 프라이가 지은 시 '천 개의 바람이 되어A Thousand Winds'에서 유래됐다. 프라이는 모친을 잃고 상심해 있던 이웃을 위로해 주기 위해 죽은 사람이 산 사람을 위로하는 내용의 이 시를 썼다. 이 시에 곡이 붙여져 노래로 불리게 되었고, 죽은 사람을 추모 하는 곳으로 불린다. 언제부터인가 이 단어가 갖고 있는 의미가 마음에 들어 마음속에 묻어 두고 있다가 미수米壽를 맞아 지은 시이다.

5-3

혼자지만 혼자가 아니다

나는 늘 혼자 있다. 그러나 혼자라는 말에는 곁에 사람이 없다는 말을 포함하고 있다. 나는 이 말을 그다지 좋아하지 않는다. 인간은 혼자 태어나서 혼자 이 세상을 떠나는 존재다. 그러니 곁에 사람이 아니라 그 어떤 것과도 언제나 함께 하고 있다는 것을 잊지 말아야 한다. 그래서 나는 혼자지만 혼자가 아니다. 그러한 생각들을 시처럼 간략하게 적어보았다.

나는 혼자 걷기를 즐겨한다
그러나 내 마음 속의 길섶에는
무수한 나무들과 풀과 꽃
이들과 함께 하며 걷고 있는 것이다.

나는 혼자 흥얼대며 노래하는 버릇이 있다.
그러나 내 가슴 속의 노래방에선
뭇 새들과 헤아릴 수 없이 많은 벌레들의 울음소리
이들과 더불어 노래하고 있는 것이다.

나는 혼자 앉아 생각에 잠기기를 좋아한다.
그러나 내 머릿속 스크린과 조명에는
긴 세월 지내온 일들, 오늘과 내일의 지혜로운 삶
이런 것들의 그늘과 번쩍임을 헤아리곤 한다.

나는 혼자 식사하는 기회가 늘고 있다.
그러나 내가 앉은 식탁 둘레에는
타계한 아내와 별거하는 가족, 그리고 주변 사람들
이들을 떠올리며 먹고 있는 것이다.

나는 혼자지만 혼자가 아니다.

5-4

도서관에서 만난 노인

나는 한 달에 5일은 남산도서관에 나간다. 도서관에 나가면, 가방을 어깨에 짊어지고 힘차게 걸어가는 젊은이들을 만난다. 도서관에 들어가 자리를 잡고 앉으면, 옆도 돌아보지 않고 열심히 독서하고 공부하는 젊은이들을 본다. 그들의 모습에서 우리나라의 밝은 미래를 떠올려 보기도 하고, 젊은이들의 열정에 힘을 얻는다.

한데 어느 날, 자료실 한 구석에서 일흔 후반으로 보이는 백발노인이 앉아서 책을 읽고 있었다. 자꾸만 신경이 쓰였다. 자료실 담당사서의 말을 들으니 이 노인은 매일 똑같은 시간에 나와서 똑같은 좌석에 앉아 독서도 하고 쓰기도 한다는 것이다. 별명이 '성경 할아버지'라는데 그것은 늘 성경책을 옆에

끼고 다니기 때문이란다. 앉은 책상에는 책과 노트가 반듯하게 펴져 있고, 필기도구가 가지런히 놓여 있으며, 그 몸가짐이 흐트러짐이 없어 선불리 말을 붙이기조차 어려울 정도다. 그러나 한편 넉넉해보이는 넓적한 얼굴과 풍채, 작기는 하나 인자해 보이는 눈매 등으로 보아 언젠가는 이야기를 나눌 수 있을 것으로 보였다.

며칠이 지나 통성명을 할 수 있었고, 도서관 이용에 대하여 묻는 나의 말에 "이 도서관 이용 퍽 오래 되었어요. 여긴 참 좋아요. 전망 좋고 분위기 좋아서. 고맙습니다" 한다. '고맙습니다'로 말끝을 맺으니 더 이상 대화가 진행되지 않는다. '퍽 오래'라는 세월은 이곳에서 5년간 근무했다는 직원이 부임 당시에도 이 분을 보았다 하니 적어도 5년은 넘는 모양이다. 오가는 교통편을 물으니, 러시아워 시간을 피하므로 항상 붐비는 경인전철이지만 별 불편이 없다 하고, 또 '고맙습니다'라고 말끝을 자르고 자리에 가 앉는다. 규칙적이고 합리적인 생활을 하는 분임을 느낄 수 있었다.

여러 달이 지나고서야 서로 스스럼없이 대화를 하게 되어 가족관계를 묻자 "가족? 이 책이 가족이지요" 하고 싱긋 웃고 나서, "부부가 삽니다. 고맙습니다" 하고 더 이상 말이 없다. 어쨌거나 노후의 무료함을 도서관에서 극복하고, 도서관 출입으로 생활 리듬을 이어가는 지혜가 엿보여서 좋았다.

이 날의 '고맙습니다'라는 말끝은 어쩐지 힘이 없고 떨기까지 하여 건강이 걱정되었는데 다행스럽게도 다음에 만났을 때는 원기도 회복한데다 친근하기까지 했기 때문에 많은 이야기를 나눌 수 있었다.

"후손에게 물려 줄 것으로는 재산 물려주기, 책 읽는 습관 물려주기, 인품 물려주기가 있다는데 내 보기에 당신께서는 가장 값 있는 책 읽는 습관과 인품 물려주기를 하고 계신 것 같습니다"라고 내가 말했다.

"그저 나 좋아하는 것을 할 뿐입니다. 고맙습니다" 하고 간단히 대답한다. 겸손의 미덕까지 보여주는 것 같아 더욱 존경심이 생긴다. 한참 말이 끊겼다가 그분은 종오소호從吾所好라는 논어의 한 구절을 느릿느릿 풀어가며 이야기한다. 결국은 자기가 떳떳하면서 좋아하는 일을 처지에 알맞게 해 나가는 것이 인생의 지혜가 아니겠느냐는 하는 것이 이야기의 요지이다. 스스로 좋아하는 일이 이 분에게는 독서이기 때문에 비록 생활 속에서 어려움과 갈등이 있다 하더라도 꾸준히 도서관에 나오고 있다는 말로 들렸다. 말 그대로 "독서 생활인"이다. 그리고 그는 배우는 즐거움을 말한다. 배우는 일, 이보다 기쁜 일이 없다고 말한 공자의 말씀에 진하게 공감하면서 마지막 가는 날까지 배우는 생활을 하겠다는 것이다.

그런데 어느 날부터인가 이 노인의 모습이 보이지 않았다. 궁금하여 직원에게 물었더니 그도 몹시 궁금해 하고 있었다. 주소나 전화번호라도 미리 알아놓지 못했음을 아쉬워한다. 성도, 이름도 모르고, 주소도 확실히 모르지만, 그 동안 내가 느낀 그 인품과 생활태도에 존경심이 생겨서 늦으나마 '성경 할아버지' 별명 외에 '고맙습니다 할아버지'라는 또 하나의 별명을 붙여 주기로 했다. 말끝마다 붙이는 '고맙습니다'라는 말이 몸에 배고 마음에 차 있는 분이기 때문이다. 이렇듯 범사에 감사하며 끝까지 책을 가까이하는 이 노인은 흰머리에 흰 옷을 맞춰 입는 세련미와 멋까지도 곁들인 분이기도 했다.

나는 그 분이 책을 펴고 앉았던 자리에 한번 앉아본다. 그리고 저 멀리 희미하게 어렴풋이 보이는 먼 산을 바라본다. 하염없이, 하염없이.

5-5

저 너머

사람들이 말하길 나이 일흔이면 청년, 여든이면 장년, 아흔은 되어야 노인이라 할 수 있다고 하고, 인간 수명은 100세에서 120세까지라며 호언장담을 하는 이도 있다. 또 어떤 이는 나이는 숫자일 뿐 수명과는 관계가 없다고 한다. 결국 한 사람의 인생에 나이는 그다지 중요한 것이 아니라는 말이리라. 노년기에 접어들수록 건강이 전제되어야 즐거운 시간을 보낼 수 있기 때문이다.

나의 죽마고우竹馬故友들 중 아흔을 넘기지 못하고 죽은 친구가 대부분이고, 그중 서너 명이 집에서 오도 가도 못하고 있는 상황을 볼 때, 이런 말은 우리들 세대의 이야기 보다는 우리 다음 세대의 이야기가 아닌가 한다. 설사 100세라고 해도 나의 경우 10여 년 앞날의 일에 불과하다. 죽음의 지평선이 보이는 듯하다. 그도 죽고, 저도 죽으니 난들 어찌 안 죽겠느냐. 모든 생물이 겪는 과정으로 알면 속이 편안하다. 두려워할 일이 아니다. 슬퍼할 일도 아니다. 세월이 유수와 같다 하더니, 마치 시간이 기차처럼 빨리 갔는데, 지금은 빛의 속도로 가는 느낌이다. 삶의 나머지 시간은 그야말로 순간이다.

그러나 그 사이를 향사자向死者가 아닌 향생자向生者로 사는 마인드를 견지見地하고 싶다. 내 주변에 입만 열면 '죽고 싶다'라는 말을 하는 이가 있어 별명이 요단강 할아버지로 불리는 사람이 있다. 반면, 순간이지만 더욱 지혜롭게 행복을 추구하며 살자는 향생자 할아버지가 있다. 나는 후자에 동조하는 바이다.

조용히 가을이 물들어가는 어느 날, 석양을 벗 삼아 소요逍遙하는 시간을 가졌다. 바람이 심하게 불지도 않는데 낙엽이 우수수 떨어지고 있었다. 눈이 내리듯 하였다. 지나가는 사람의 머리 위에도 어깨 위에도 떨어진다. 제멋대로다. 땅에 떨어진 낙엽들은 나뒹굴고, 엎치고 덮치고 엉키고, 다시 뒹굴고 쌓이고, 밟히고 방향을 바꾸고, 엇갈리고 간혹 살짝 지나가는 바람에 못이기는 체 날리기도 한다. 그런가 하면 떨어지지 않으려고 안간힘을 다하는 일부 이파리도 있다.

길 건너편 노란 은행잎들은 석양빛을 받아 아름다움을 뽐내고 있다. 며칠 후면 같은 처지가 될 것을 아는지 모르는지. 인간의 인생사도 저 낙엽들과 같다 하겠다.

울긋불긋 단풍으로 물든 먼 산이 쓸쓸하게 보인다. 그런데 산, 저 너머는 어떠한지 보이지 않으니 알 수 없다. 알 수 없는 저 너머를 상상해본다. 내가 상상하는 것이 있을지, 아니면 전혀 다른 풍경이 펼쳐질지 짐작해본다.

집에 돌아와 TV 채널을 돌려보니 마침 노인문제 특강시간이었다. 프로그램에서는 사람이 편안히 웃으며 죽는 법, 요사樂死에 대해 알려주고 있었다. 그러기 위해서는 첫째, 이 목숨은 내 것이 아니라는 생각을 가져야 한다. 하늘나라의 것이다. 둘째, 내가 소유하고 나와 관련 있는 모든 재화나 물질, 환경은 모두 내 것이 아니다. 셋째, 언제, 어디서, 생을 마감할 것인가도 고민하지 말아야 한다. 그것은 운명의 신이 관장하는 일이라는 요지였다.

내가 가보지 못하고, 내가 보지 못한 '저 너머'의 일은 '신', 또는 '자연'의 이치에 맡기라는 뜻이리라.

5-6

심도학사에서 2박 3일

얼마 전, 친구 일행과 국제적인 종교철학자 길吉 박사가 운영하는 강화도 심도학사를 찾았다. 2박 3일 간 공부하고 명상하는 생활을 체험하기 위해서이다.

이곳 심도학사는 종교를 공부하고 명상을 하는 특별한 시설이다. 지난날 길 박사의 종교철학 강의와 인도의 바가바드기타에 관한 강의를 들은 적이 있었고, 그때 매우 만족하여 이번 프로그램에 선뜻 참여하였다.

첫째 날 프로그램은 저녁 식사 후의 야간 강의다. 강의 내용은 하나님 유무에 대해서인데, 계시다는 것을 이론과 증거를 들어 설명했으며, 인간은 이런 하나님을 욕되게 해서는 안 된다는 요지였다. 밤 11시 넘게 계속되는 열강이었다. 난해하여 한동안 머릿속이 복잡하였으나 하도 강의가 진지하였기 때문에 자못 긴장감이 생겼다.

둘째 날은 강의 내용이 이성과 영성에 대한 여러 학설을 들어 현대 사상의 과제를 논하는 것이었다. 너무 난해하고 장황하여 납득하기 어려웠으나 새로운 신관의 모색과 '내가 믿는 하나님'에 대한 강의가 심금을 울렸다. 지구 도처에서 일어나고 있는 종교의 부정적 측면을 분석하고, 상호무지와 편견과 오해와 대립 갈등을 불식할 필요를 역설하였다. 동서양의 신관 차이, 물질계와 정신계의 비교에서 동양의 신관과 정신계의 무게를 더해주었다. '종교 간의 평화 없이는 세계평화도 없다'는 한스 큉의 말을 인용하면서 우리나라의 종교적 갈등과 부질없는 대립을 예방하기 위한 종교인의 정신적 및 종교 간의 갈등을 예방할 필요성을 강조하였다. 그러면서 한국사회에서 당면 문제로 불교와 그리스도교와의 참된 평화를 역설하고, 양 종교 사이의 상호 대화와 협력을 주장하고 있었다.

적절하고 미래지향적인 대목이다. 절실한 대목이다.

한국사회는 종교다원사회이며 국교를 인정하지 않는 사회이니까 종교는 선의의 경쟁과 협력을 해야 하고 이웃 종교를 비방하거나 폄하하는 태도를 보여서는 안 된다. 이 점에 대해서는 국민 대다수가 수긍하고 있는 터이지만 나아가 바람직

한 것은, 이웃 종교의 본질을 이해하는 가운데 자기 종교를 업그레이드하는 데 힘써야 한다고 하였다.

모든 종교를 눈앞에서 비빔밥 식으로 섞자는 뜻은 결코 아니다. 크게 보아 이기적인 입장이 아니라, 보편적 인류애 실현을 목표로 해야 하는 뜻이라 하겠다. 오늘도 밤 11시 넘겨가며 계속되는 열강이었다. 강행군이다. 내 나이에는 조금 무리한 것이었다. 그러나 잘못하는 신앙생활 때문에 일어날지도 모르는 종교전쟁을 예방하기 위해서도 필요불가결한 강의였다.

점심시간에 농담 삼아 나는 말하였다. 내가 사는 N. C. 카운티라는 곳은 영통역 근처인데 이 지명은 영계靈界와 통한다는 뜻이고 보니 이곳 심도학사의 설립 목적과도 일맥상통하여 흐뭇하다 했더니 모두가 웃음과 끄덕임으로 응해주었다.

셋째 날은 강의를 마무리하고, 주변의 산책과 답사가 있었다. 그리고 명상의 시간이 진행되었다. 강의의 결론 부분을 옮기면 다음과 같다.

영성은 몸과 마음, 물질과 정신, 개인과 개인, 인간과 자연, 그리고 신과 인간의 관계를 새로운 시각으로 보게 하며, 새로운 기초 위에 정립한다. 자연 현상과 인간사를 새로운 눈으로 보게 하며, 모든 사물을 인간의 이기적 욕망의 충족을 위해 수단화하는 그릇된 시각을 바로 잡는다. 사물을 분석하고 조작하고 닦달하는 인간중심적이고 폭력적인 이성을 관조적이고 성찰적이며 여유롭고 성숙한 이성으로 승화시킨다. 또한 생명의 탄식 소리에 귀를 기울일 수 있는 여리고 부드러운 이성으로 순화한다.

육체와 영혼, 의식과 무의식, 이성과 감성, 주체와 객체, 인간과 자연의 이분법적 대립을 넘어 만물이 한 뿌리에서 나온 것임을 깊이 깨닫고 모든 생명을 품고 보듬는 평화의 영성이기 때문이다.

나는 이 평화의 영성이 우주적 화해와 사랑의 공동체를 형성하는 힘이 된다고 믿는다. 잉게의 지적대로 만물이 하나 됨은 신비주의의 근본 가르침이다. 하느님이 모든 것 안에 있고, 모든 것이 하느님 안에 있다. "하느님께는 어디나 다 중심이지만 원주는 어디에도 없기 때문이다."(마이스터 에크하르트) 이를 바탕으로 우리는 한 걸음 더 나아가서 하느님과 만물 뿐 아니라 만물이 서로 막힘없이 상즉상입相卽相入하는 화엄의 사사무애事事無碍의 비전까지 품을 수 있을 것이다.

나는 현대 종교가 언제나 참신한 영성의 전통을 오늘의 사회와 세계에서 새롭게 살리고 회복함으로써, 종교도 살고 도덕도 살며, 사회도 살고 자연도 세계도 사는, 새로운 계기를 만들어가야 한다고 생각한다. 종교의 생명은 이러한 영성의 힘을 자각하고 실천한 소수에 의해 유지되어왔다. 역설적이지만, 현대와 같이 세속화된 세계가 과거에는 소수 엘리트의 전유물이었던 영성을 대중화하고 보편화시킬 수 있는 공전의 기회를 대중에게 제공하고 있다.

아침 마무리 강의를 끝마치고 긴 방조제 둑 걷기와 이웃의 교동서원 답사에 나섰다.

고려시대에 원나라에 쫓겨 왕이 이곳에 임시 천도한 일이 있었다. 40여 년간이란 긴 세월을 버티는 데 필요한 식량공급을 위하여, 해안 방조제를 만들고 농사를 지어 황금들판을 만든 곳이다. 강화도에서는 가장 넓은 평야라 한다. 추수철이 되면 그야말로 황금 같은 들판이 되었으니 황금평야라는 말에 고개가 끄덕여졌고, 아무 장비도 동원할 수 없었던 그 시절에 이런 둑을 만들어 간척지를 조성했으니 경탄하여 마지않는다. 둑의 길이가 2.5킬로미터 정도라 하니 놀랍다.

이 둑 위로 가을 해풍을 쐬어가며 일행은 걸었다. 걷는 동안은 대화, 명상, 감상, 자연과의 호흡, 문화재와의 공감을 향유하는 좋은 기회였다. 그리고 최근에 만든 육지와 연결하는 교동대교를 건너갔다. 고려시절에 안향 선생과 연고가 있는 절이었다.

돌아와서 명상의 시간을 가졌다. 은은한 음악과 함께 20분간 거행되었다. 불교에서 해 내려오는 명상이 서구에서도 많이 받아들이고 있다는 이야기도 있지만 명상의 시간은 의미가 있는 것 같다. 심금을 울리는 순간이었다. 성 아우구스티누스의 기도문 10개 항목 중 넷째, 흩어져 버린 나를 거두어 모아주소서 하는 대목은 나의 가슴을 흠씬 적셔주었다. 그것은 다음과 같은 문구다.

헷갈린 삶을 살았던 청년기를 기억하면서

오, 주님. 이제 나는 지나간 나의 추잡한 잘못들과 육체로 떨어졌던 내 영혼의 타락을 기억하고자 합니다. 오, 하나님. 그것은 내 과거가 좋아서가 아니라 주님을 사랑하고 싶어서입니다. 주님의 사랑을 사랑하기 위한 자기 성찰의 쓴 괴로움을 지니면서도 나의 추잡한 잘못들을 상기하옵니다.

거짓 없는 기쁨, 복되고 안전한 기쁨이 되신 주님,
주님께서 나의 기쁨이 되어주소서.
나는 오직 한 분一者이신 주님을 떠나 잡다한 세계로 쪼개 떨어져서 산산조각이 나 흩어져 버렸으니,
이제 나를 거두어 모아 주소서. 아멘 (2,1,1)

나에겐 참으로 유익하고 필요한 체험이었다. 우리가 떠나노라니 길 박사가 배웅을 한다. 마지막까지 배려와 부인의 진심 어린 내조 모습이 보기 좋았고, 또한 고마웠다. 강화도 구석이라 사람들과의 접근성이 힘들어 앞으로 운영이 걱정되지만, 길 박사 부부의 열정과 큰 뜻이 잘 이루어지기를 기도하였다.

5-7

서산대사 해탈시

서산대사께서 입적하시기 직전 읊었다는 해탈시다. 나도 이 생生을 떠나 저 너머로 가는데, 이 시 한 수 읊고 가련다.

인생
근심 걱정 없는 사람 누군고
출세 하기 싫은 사람 누군고
시기 질투 없는 사람 누군고

흉허물 없는 사람 어디 있겠소
가난하다 서러워 말고
장애를 가졌다 기죽지 말고

못 배웠다 주눅 들지 마소
세상살이 다 거기서 거기외다

가진 것 많다 유세 떨지 말고
건강하다 큰소리 치지 말고
명예 얻었다 목에 힘주지 마소

세상에 영원한 것은 없더이다
잠시 잠깐 다니러 온 이 세상
있고 없음을 편 가르지 말고
잘나고 못남을 평가하지 말고

얼기설기 어우러져 살다나 가세
다 바람같은 거라오 뭘 그렇게 고민하오
만남의 기쁨이건 이별의 슬픔이건 다 한 순간이오

사랑이 아무리 깊어도 산들 바람이고
외로움이 아무리 지독해도 눈보라일 뿐이오
폭풍이 아무리 세도 지난 뒤엔 고요하듯
아무리 지극한 사연도 지난 뒤엔

쓸쓸한 바람만 맴돈다오

다 바람이라오
버릴 것은 버려야지
내 것이 아닌 것을 가지고 있으면 무엇하리요
줄게 있으면 줘야지 가지고 있으면 무엇하리요

내 것도 아닌데
삶도 내 것이라고 하지마소
잠시 머물다 가는 것일 뿐인데
묶어 둔다고 그냥 있겠소

흐르는 세월 붙잡는다고 아니 가겠소
그저 부질없는 욕심 일 뿐
삶에 억눌려 허리 한 번 못 피고
인생 계급장 이마에 붙이고 뭐 그리 잘났다고
남의 것 탐내시오

훤한 대낮이 있으면 까만 밤하늘도 있지 않소
낮과 밤이 바뀐다고 뭐 다른 게 있소

살다보면 기쁜 일도 슬픈 일도 있다마는

잠시 대역 연기 하는 것일 뿐
슬픈 표정 짓는다 하여 뭐 달라지는게 있소
기쁜 표정 짓는다 하여 모든 게 기쁜 것만은 아니요

내 인생 네 인생 뭐 별거랍니까
바람처럼 구름처럼 흐르고 불다 보면
멈추기도 하지 않소

그렇게 사는 겁니다
삶이란 한 조각 구름이 일어남이오
죽음이란 한 조각 구름이 스러짐이다
구름은 본시 실체가 없는 것
죽고 살고 오고 감이 모두 그와 같도다